LA VIE OUVRIÈRE

Jacques VALDOUR

LE GLISSEMENT

OUVRIERS D'APRÈS-GUERRE
DANS LES PROVINCES DE L'OUEST :

CHOLET, LE MANS, NANTES

OBSERVATIONS VÉCUES

PARIS

ÉDITIONS DE LA *GAZETTE FRANÇAISE*

7, RUE EBLÉ, VIIe

1926

LE GLISSEMENT

DU MÊME AUTEUR

QUESTIONS RELIGIEUSES

L'abbé Loisy, M. le Dantec, M. Clémenceau font
    leur prière...................................... *Epuisé.*
Le professeur Loisy contre l'abbé Loisy......... *Epuisé.*
Le Lycée corrupteur............................... *Epuisé.*
La Laïque (la neutralité, les manuels, la parole et
    l'exemple) .... *Epuisé.*

QUESTIONS SOCIALES

Série « *La vie ouvrière, Observations vécues.* »

Chez Rousseau, 14, rue Soufflot. Paris,
et Giard, 2, rue Royale. Lille.

La Vie ouvrière................................... 9 »
La Méthode concrète en science sociale........... 3 75
Les Mariniers.................................... 9 »
Réponse à quelques objections.................... 2 25
L'Ouvrier agricole............................... 9 »
Les Mineurs...................................... 9 »
Deux Chauffeurs-conducteurs...................... 9 »
L'Ouvrier espagnol, 2 volumes.................... 18 »
Ouvriers parisiens d'après guerre (Ouvrage couronné
    par l'Académie française et par l'Académie des
    sciences morales et politiques)................. 9 »

Aux « Editions Spes » 17, rue Soufflot. Paris.

Ateliers et taudis de la banlieue de Paris......... 9 »
De la Popinqu' à Ménilmuch'..................... 9 »
    Exemplaires sur pur fil Lafuma, numérotés et
    signés... 25 »
Le Faubourg...................................... 9 »
    Exemplaires sur pur fil Lafuma, numérotés et
    signés... 25 »

Aux Editions de la *Gazette française*
7, rue Eblé, Paris VIIe.

La Menace rouge (Ouvriers de Tourraine)......... 10 »

LA VIE OUVRIÈRE

Jacques VALDOUR

—

LE GLISSEMENT

—

OUVRIERS D'APRÈS-GUERRE
DANS LES PROVINCES DE L'OUEST :

CHOLET, LE MANS, NANTES

—

OBSERVATIONS VÉCUES

PARIS

ÉDITIONS DE LA *GAZETTE FRANÇAISE*
7, RUE EBLÉ, VIIe

—

1926

INTRODUCTION

Le courant libre-penseur et révolutionnaire va
du centre de notre pays à la périphérie, de la capitale à la province, descend vers l'Ouest dont il
envahit progressivement les villes et les campagnes.
Au milieu de populations bourgeoises, commer-
çantes, agricoles, les centres de voies ferrées et
l'industrie naissante créent des foyers de socialisme
et d'irréligion. Nous l'avons vu, dans un précédent
ouvrage (1), pour Saint-Pierre-des-Corps et Tours.
Nous en faisons à nouveau la constatation pour
Cholet, Le Mans et Nantes. A Cholet, dans la Vendée fervente, au cœur de la chouannerie, nous
voyons une population d'ouvriers tisserands verser
dans l'indifférence religieuse et se laisser gagner
par les doctrines anti-sociales que le libéralisme
économique a suscitées. Au Mans, grand centre
rural qui devient une ville de métallurgistes et de
cheminots, les salariés s'abandonnent aux organisations communistes. A Nantes, cité commerciale
qui s'industrialise, le même phénomène se produit.
Les pays de l'Ouest, réserve d'énergies religieuses
et de forces sociales, glissent sur la pente qui
entraîne à la ruine toute la nation : constatation
d'autant plus redoutable que notre société, en

1. *La Menace rouge.*

pleine décomposition sous l'influence des doctrines sociales, morales et religieuses de la Révolution française, périra si une réaction intégrale contre ces erreurs ne triomphe. Notre pays, entré dans la période pré-révolutionnaire (1) en septembre 1924 avec la manifestation militaire des centuries communistes à Courbevoie, et, en novembre 1924, avec le cortège à la fois officiel et bolchevick de la panthéonisation de Jaurès, est, à l'heure présente, avec sa crise financière aiguë et son gouvernement déliquescent, parvenu au seuil même de la période nettement révolutionnaire. Nous touchons au dernier terme de l'évolution dont nous avons inconsciemment traversé toutes les phases, depuis un demi-siècle, par un mouvement de glissement continu.

1. Comme je l'ai noté dans *Le Faubourg*.

LE GLISSEMENT

CHAPITRE PREMIER

CHOLET

Centre catholique et rural, Cholet se métamorphose en centre industriel. Quelles transformations ce passage de la vie agricole à la vie ouvrière, ou du métier à tisser familial à l'usine de tissage, va-t-il opérer dans la pensée, la sensibilité, la volonté, dans l'âme de ces hommes d'une race fière, riche de tout un passé pétri par le christianisme et éprouvé à la flamme d'une foi ardente dont l'histoire porte l'impérissable témoignage ?

§ 1. — Un tissage.

Nous travaillons, le matin, de six heures trente à onze heures, et, le soir, de une heure à cinq heures trente, soit deux séances de quatre heures et demie chacune. Le samedi après-midi, les tisserands jouissent de la semaine anglaise ; mais les mécaniciens et les manœuvres travaillent jusqu'à quatre heures. Je suis embauché comme manœuvre et employé généralement au magasin, quelquefois à la forge ou au nettoyage des métiers. Mon salaire (1) est de 1 fr. 40 l'heure, ce

1. En août 1925.

qui me fait 12 fr. 60 pour la journée de neuf heures et seulement 10 fr. 50 pour la journée du samedi. A la paie de quinzaine, je touche 147 fr. pour cent cinq heures de travail. Un ouvrier tisserand, ou une ouvrière, gagne ordinairement, par quinzaine, 170 francs pour quatre-vingt-seize heures de travail (12 journées de huit heures) ; les plus habiles atteignent exceptionnellement 200 francs (1).

Le tissage occupe aux métiers des hommes, des femmes et quelques jeunes filles ; beaucoup y sont employés depuis fort longtemps ; tous sont du pays, se connaissent et se retrouvent là un peu en famille ; mari et femme, mère et fille y viennent ensemble, travaillent l'un près de l'autre et s'en retournent de compagnie. La plupart des ouvriers choletais sont tisserands de père en fils ; l'origine rurale de certaines de ces familles se perd dans le passé ; mais, bien que différenciés du paysan, ils en gardent des traits nombreux, par l'effet du voisinage immédiat et du contact fréquent avec les gens des villages, et aussi par l'influence de la vie en une cité qui a conservé pour une large part son caractère rural. Cholet se distingue ainsi profondément des villes purement industrielles et de ces grandes cités ouvrières où les mouvements de la population mélangent sans cesse étrangers et autochtones, nomades, passants et gens fixés, et brassent, modifient, repétrissent sans arrêt le type local moyen. Ici, s'est formé et dure le type de l'ouvrier vendéen, mélange du Vendéen originel et traditionnel et du salarié de l'industrie, lieu de rencontre par conséquent d'idées et de sentiments

1. En avril 1926, le salaire habituel s'est élevé à 200 fr. par quinzaine et, exceptionnellement, à 250, et même, pour les ouvriers capables de conduire quatre métiers, jusqu'à 290 francs.

hétérogènes entre lesquels la lutte pour la prédominance s'établit.

Les mécaniciens du tissage m'accueillent avec une politesse un peu froide et se montreront d'une camaraderie simple et discrète, d'une réserve quelque peu distante. Le magasinier, homme plus que quinquagénaire, au verbe sonore, me souhaite la bienvenue et me tend une main franche et amicale.

Je travaille dans une pièce voisine de celle qu'il occupe, au milieu d'entassements de paquets d'écheveaux reçus de diverses filatures. Mon travail consiste à ouvrir les paquets et à préparer les écheveaux pour le *débouillissage* (1). Le contremaître me désigne vingt paquets d'une certaine marque et d'un certain numéro. Couper les ficelles sans donner dans les fils un coup de canif malheureux, retirer ficelles et papiers et les grouper à part, prendre les écheveaux par trois, les réunir sur mon bras gauche en les allongeant de plusieurs coups secs donnés de la main droite, leur imprimer une triple torsion comme lorsque je travaillais avec les teinturiers (2) et les déposer en cercle sur une table ; puis, lier les cercles d'écheveaux avec les éléments d'un écheveau préalablement séparés et réassociés d'une certaine manière qu'on m'enseigne, nouer les liens suivant un mode spécial, déposer sur des planches étendues à terre le paquet ainsi obtenu et entasser les uns sur les autres tous les paquets transformés d'après cette méthode : voilà ma tâche tout le long du jour. Je les transporte ensuite sur une brouette dans une salle où ils sont

1. Cette opération de lavage a pour but de débarrasser le coton de l'huile qui peut encore l'imprégner.
2. Voir *La vie ouvrière* et *L'Ouvrier espagnol*.

lavés à l'eau bouillante, puis, tordus et égouttés, à l'étendage, au-dessus des machines, où ils sèchent avant d'être livrés aux tisserauds. La pièce où je travaille devant une table est éclairée par des fenêtres grillées qui prennent jour sur un verger : par les battants ouverts, me vient, avec le souffle des champs, le silence des campagnes voisines, seulement traversé de loin en loin par un ronflement d'automobile, un bruit de voix, ou le sourd murmure, tout proche, d'une machine, ou bien le chant des cloches. Les murs nus sont noircis par la poussière ; sur quelques planches qui couvrent par places le sol cimenté, s'entassent par monceaux des paquets de coton, enveloppés de papier bleu ; deux ou trois tas d'écheveaux tirés de leurs paquets, tordus et groupés, mettent dans la sombre salle une clarté neigeuse.

Le magasinier a une figure rude et franche, où brille le regard aigu de ses yeux gris clair. Originaire d'un village des environs, situé à quelques kilomètres de Cholet, il était venu à la ville, comme beaucoup d'autres, pour travailler dans les tissages. Depuis longtemps dans la maison, il a son franc parler avec le patron et plaisante volontiers avec lui : « Il n'en faut plus, de patrons ! » lui dit-il en riant, un matin. Il n'en pense pas un mot, mais il traduit le sentiment général des ouvriers, à Cholet comme ailleurs, et qui menace de les conduire à de cruelles déceptions : hors du patronat, il n'y a place que pour le directorat de la Société anonyme d'actionnaires, ou de la Société coopérative ouvrière, ou de l'entreprise d'Etat. Mais alors le chef, strictement nécessaire dans tous les cas, ne diffère pas du patron, si ce n'est pas son impersonnalité, son caractère administratif, qui le rend, ou bien moins accessible aux concessions, ou bien, à l'inverse, tout

prêt à sacrifier l'entreprise aux volontés des ouvriers, ce qui revient à sacrifier les ouvriers eux-
mêmes à leurs caprices et leurs chimères. Quant à
l'entreprise, patronale ou collective, capitaliste ou
coopérative ou d'Etat, son existence et sa prospérité
restent soumises, quels que soient son propriétaire
et sa constitution, aux mêmes conditions objectives
de fonctionnement et de rendement : état du marché, conditions d'achat et de vente, compétence technique, capacité de la direction, hiérarchie et discipline intérieures ; bref, le doit et l'avoir, le Grand-
Livre, restent sa loi ; il s'agit, d'abord, de faire des bénéfices : le reste (morale exceptée) ne vient et ne peut
venir qu'après cela, qui est la condition *sine qua
non* de la vie, de l'existence même, de l'entreprise.

Ma première impression est que le problème ouvrier ne semble pas revêtir, à Cholet, le caractère
de gravité qu'il présente ailleurs. Trop d'éléments
locaux agissent pour lui faire perdre son acuité :
vie plus facile, logements familiaux plus aérés, influence des campagnes environnantes, ambiance
religieuse, éloignement des autres grands centres
ouvriers et urbains, et tout le fond sérieux et grave
de la race vendéenne. Toujours est-il que ce qui
me frappe, au premier abord, c'est que les visages
de mes compagnons du tissage et des ouvriers des
autres fabriques ne portent pas l'expression sombre
ou haineuse si fréquente dans les autres centres
industriels. Mes camarades d'atelier sont polis et
amènes ; leurs figures, sérieuses, mais franches,
et parfois éclairées d'un sourire. Mais, dès le début
de mon séjour, je constate aussi que, dans cette
population douée, depuis de longues générations, de
robustes vertus, le poison est jeté : on lit en ville
Le Quotidien et *L'Humanité* ; j'en aperçois un exem-
plaire au tissage. Cela suffit. Le noyau révolution-

naire existe : et il est prêt pour l'action. Que l'incendie se déchaîne dans la capitale et les grandes villes : la minorité rouge de Cholet, si réduite qu'on la suppose, est prête à terroriser une majorité de catholiques dressés depuis trop longtemps à tous les abandons, aux lâches compromis, à la peur. Il en sera de même dans les moindres villages, comme au temps de la première Révolution où, partout, surgissaient les clubs de Jacobins. Je sais un village du Nord-Est, situé à l'écart du chemin de fer, tout contre la frontière belge, dont les trois cents habitants paisibles deviendront, à ce moment-là, la proie du soviet local dès maintenant formé de quatre personnes : l'instituteur, un employé des douanes révoqué pour malversation et deux jeunes paysans qu'ils ont endoctrinés. Au cours de l'hiver de 1924-1925, les apologistes du communisme ont parcouru les campagnes vendéennes, donnant, dans les moindres communes, des conférences qui laissaient hésitants ou sympathiques, dans chaque localité, trois ou quatre hommes persuadés, après calcul, que l'opération se traduirait par l'agrandissement de leur lopin de terre : la Révolution est le moyen de s'enrichir vite et légalement aux dépens d'autrui. L'incohérence sociale dont nous souffrons, l'état permanent de trouble dans lequel vivent les ouvriers, ont pour cause matérielle l'inorganisation du métier avec toutes les conséquences désastreuses qu'elle entraîne pour les salariés, et pour causes intellectuelles et morales le désordre dans les idées et dans les consciences. L'oubli de la distinction du tien et du mien, l'envie, la haine, le désir, puis la résolution, de s'emparer du bien convoité d'autrui, l'hypocrisie légaliste qui donne un semblant de légitimité aux flibusteries commises par les coquins campés dans l'État— cette démoralisation profonde,

préparée par l'école laïque, le spectacle de la vie
politique et l'exemple des lois, multiplie la force
de propagation et d'épanouissement des idées fausses que la Révolution française a proclamées et que
la Troisième République répand du large geste de
la semeuse : conception mensongère de la liberté,
de l'autorité et de la souveraineté, erreur sur l'organisation du pouvoir, adulation de la foule, divi-
nisation de l'ignorance des multitudes et de leurs
caprices, absurde et criminelle chimère de l'égalité.
Le démocratisme entretient le désordre dans tout
le corps social et le pousse à la mort.

Un après-midi, dans la forge — une pièce sombre
aux murs noirs, au carrelage sali par le charbon —
je travaille avec les deux mécaniciens. J'aide
l'un d'eux à river des lames de fer sur un cadre
destiné au réservoir d'eau de la machine. Il est âgé
d'une trentaine d'années, actif, intelligent, aimable.
Une ouvrière entre, un instant, pour échanger quelques mots avec l'autre mécanicien : « C'est sa dame »,
me dit le riveur. Il estime que « le directeur du
tissage est très bon ; il n'est pas toujours sur notre
dos à nous embêter » et n'en a pas moins l'œil à
tout. Un long établi rampe sous les fenêtres ; une
enclume, une cheminée, une meule, une perceuse,
un tour, meublent de leurs formes trapues ce réduit.

Le magasinier s'inquiète du prix sans cesse crois-
sant de la vie : « Pour acheter ce qu'on achetait
avec 5 francs avant la guerre, il faut parfois 5o fr.
aujourd'hui ! Et les impôts augmentent sans arrêt !
Ils font hausser les prix. Où ça s'arrêtera-t-il ?...
Et leur emprunt (1) ? Qu'est-ce que ça va donner ?
— Si le franc continue de dégringoler, ne finirons-

1. Il s'agit de l'emprunt Caillaux avec garantie contre les
fluctuations du change, émis au cours de l'été de 1925.

nous pas comme la Russie ? — Ah! c'est du propre, là-bas ! »

L'avant-veille de l'Assomption, qui tombe un samedi, il me dit : « Après-demain, c'est fête ; avec le dimanche, ça fera deux jours de congé. Chacun fait ce qu'il veut, va à la messe ou n'y va pas, comme il lui convient, et va se promener où il lui plaît ». Le laveur de coton (une quarantaine d'an·nées) expose son programme : « Les deux jours de fête, j'irai aux Sables (1) avec ma femme et mon gosse. Ça nous coûtera 80 francs de chemin de fer pour nous trois, aller et retour ! Avant la guerre, avec ma femme... on n'avait pas encore d'enfant... on y allait en train de plaisir pour 3 fr. 50 et, avec 26 francs, on y passait presque une semaine... Enfin !... Je laisserai là-bas le gosse chez des amis pendant un mois... » Il discute pendant cinq minutes avec le magasinier et l'employé de bureau sur l'heure des trains à destination des Sables d'Olonne ; il prend un horaire, le déchiffre péniblement et parvient après de grands efforts à se rendre compte des heures de départ et d'arrivée auxquelles il devra se conformer au cours de ce petit déplacement. Le mécanicien, étant venu à passer, prend part à la conversation : « Beaucoup partiront en voyage pour quarante-huit heures. Y en a guère, aujourd'hui, qu'ont pas de pognon. — Mais le pognon, c'est du papier ! dis-je. — On est plus heureux qu'avant-guerre, poursuit-il. — Et puis, reprend un autre, autrefois le patron domptait l'ouvrier. Mais, aujourd'hui, c'est plus ça. — Voyez plutôt, » ajoute le mécanicien, illustrant d'un exemple cette affirmation : « l'autre jour, le patron a demandé à ceux qu'avaient perdu des heures, le

1. Les Sables d'Olonne.

matin (1), de les lui faire le soir. Ils n'ont pas voulu. Ils sont tous partis. » L'esprit d'indiscipline et de rébellion se répand donc partout, se généralise, est tenu pour un progrès. Le patron offre du travail à ses ouvriers ; il leur donne le moyen d'en fournir la quantité normale et d'éviter de réduire leur gain habituel ; ils refusent pour le plaisir de refuser et pour se prouver à eux-mêmes leur indépendance ; comme des enfants, ils boudent contre leur ventre ; ils s'offrent le luxe de faire échec à l'autorité qui s'exerce raisonnablement, utilement, avec mesure, discrétion, condescendance, et en leur faveur. L'intérêt de l'entreprise est également en jeu, d'accord avec leur propre intérêt : pour sauvegarder l'un et l'autre, ils n'ont pas à consentir le moindre sacrifice. Sous la seule influence d'idées néfastes qui ont leur centre de rayonnement dans les doctrines socialistes, ils bousculent toutes ces considérations sages pour se ranger sous la loi du caprice, se croyant par là libres. Grave symptôme, dans ce pays choletais surtout, et qui marque l'affaiblissement de la discipline nécessaire, l'affaissement de l'autorité indispensable, le relâchement des liens sociaux, l'oubli des plus impérieuses conditions de la prospérité d'une affaire industrielle dont dépendent l'aisance et les moyens même d'existence de tous ceux qu'elle fait vivre, la méconnaissance enfin de l'intérêt général du pays entier, qui demeure subordonné pour une large part à l'heureuse satisfaction de tous les intérêts particuliers. Des milliers de faits de ce genre, et plus graves, peuvent être relevés partout, dans tous les coins de la France et à tous les étages sociaux, nous découvrant les multiples lézardes de l'édifice, nous faisant entendre les

1. Par suite d'un arrêt de la machine.

légers mais nombreux craquements des murs et constater le glissement des fondations.

Combien d'autres indices ne relève-t-on pas ! Le jeune mécanicien est marié, mais n'a pas d'enfant et ne veut pas en avoir. L'autre mécanicien, marié depuis quinze ans, n'a pas d'enfant. Le néo-malthusianisme a donc fait son apparition parmi les ouvriers de cette race féconde et la dénatalité y commence ses ravages. Sur les murs des *water*, je relève deux fois cette inscription : « Vive Abd el Krim ! » Voilà le fruit de la propagande communiste : vive la barbarie ! Les auteurs de ces inscriptions sont excusables : leur ignorance des réalités contemporaines et de la réalité historique, de la psychologie et de la religion islamiques, explique qu'ils écrivent cette formule de suicide et de trahison. Mais que devons-nous penser de ceux qui l'ont inspirée ?

La population ouvrière n'est pas complètement dégagée de l'ambiance religieuse du pays, de sa tradition de foi fervente. Je n'entends que très exceptionnellement jurer le nom divin. A la forge, le mécanicien, irrité par les difficultés de son travail, s'écrie par deux fois : « Nom de nom ! » et ce n'est qu'au comble de l'exaspération qu'une fois seulement il lâche le juron devenu si banal dans les autres villes et campagnes. Le laveur de coton apporte une brouettée de toile à métrer ; il pousse sa charge jusqu'à la table après avoir évité de chavirer contre deux tas de paquets d'écheveaux qui rendaient le passage étroit et sinueux : « T'es juste ! s'écrie le tisserand qui l'accompagne. — Tant mieux ! fait l'autre, puisqu'il n'y a que les justes qui vont au paradis ». Simple jeu de mots, mais qui, dans un atelier parisien ou tourangeau ou dans quelque autre ville conquise entièrement et depuis longtemps par l'athéisme, eût provoqué des négations blasphématoires. Mais, ici, cette répartie n'a suscité aucun commentaire. Et, de même, un jour que le contremaître vient contrôler une pièce de toile où quelques très légers défauts lui avaient été signalés par un censeur trop sévère : « Qu'il prie donc le bon Dieu, conclut le contre-maître, qu'il n'y ait jamais de plus mauvaise pièce que celle-là ! »

Ces formules chrétiennes, si elles n'amènent pas le blasphème, n'expriment guère une croyance. Leur valeur ne dépasse probablement pas celle de la vaine sonorité des mots. Un matin, à la suite d'un orage, le ciel se couvre de nuées qui versent quelques ondées ; au moment de sortir pour le déjeuner, je prends congé du magasinier en lui disant : « A ce soir ! Tâchez de nous ramener le soleil ! — Oh ! s'écrie-t-il. La pluie, le beau temps, personne n'y peut rien. On dit : le bon Dieu ! Mais alors, pourquoi que le tonnerre tombe sur ses maisons ? Moi, ça m'plairait pas et j'ferais pas ça... Je l'disais à une dévote et ça lui plaisait point... Enfin ! » Et, pivotant sur les talons, il s'éloigne. Il ne discerne pas que Dieu a soumis le monde à des lois physiques auxquelles la dérogation miraculeuse n'est qu'une très rare exception, et qu'aux hommes, qui lui construisent « ses maisons » conformément à ces lois, incombe le soin de les préserver des effets funestes possibles — auxquels toute œuvre humaine est exposée — des lois posées par la volonté divine. Mais le scepticisme s'est glissé dans le cœur de ce Vendéen. Et de combien d'autres ! On ne vit pas impunément dans l'atmosphère d'une société athée.

« Sans vous commander, me dit le lessiveur, quand vous aurez fini ce que vous faites, je vous demanderai de m'apporter cent kilos de coton nᵒ 26, que vous avez préparés. Mais faut pas que ça vous dérange… » On reconnaît là les précautions oratoires coutumières et la politesse méticuleuse de tout ouvrier qui fait appel aux bons offices d'un camarade, même lorsque celui-ci est tenu par ses fonctions de les lui donner.

Un employé de bureau vient transmettre un ordre au magasinier. Cela fait : « On vient, ajoute-t-il, de supprimer les pensions des veuves de guerre remariées à un pensionné de guerre. Ça n'est pas trop tôt. Elles cumulaient. Le mariage avait été conclu en vue du cumul. — Il faut bien en venir aux économies, avec tous les milliards que l'Etat dépense ! remarque le magasinier. — Et le gouvernement a sur les bras la guerre du Maroc, la révolte de Syrie ! Ça lui coûte… Et il ne peut plus rembourser ses Bons : il les transforme en 4 o/o perpétuel. — Alors, demande le magasinier, à ma mort, mon argent est perdu ? — Non, explique l'autre. Mais vous ne pouvez plus réclamer à l'Etat votre capital. Il paiera perpétuellement l'intérêt, il ne remboursera jamais le capital. » Le magasinier n'avait pas compris que le capital n'est pas perdu, bien que l'Etat ne soit plus tenu de le rembourser, puisque le titre de rente reste négociable entre particuliers. Mais ce qu'il perçoit nettement et qui est vrai, c'est que l'Etat, incapable de restituer l'argent des Bons, qu'il s'était engagé à rendre, ne peut tenir ses engagements, ce qui prouve le peu de solidité de son crédit.

Le lessiveur m'avoue qu'il ne peut se passer de fumer. Il en a pris l'habitude dans son enfance, auprès d'un oncle qui s'amusait à lui passer sa pipe ; il lui est arrivé de consommer habituellement jusqu'à un paquet de tabac par jour. Lorsque je l'aide à porter à l'étuve les lourds paquets d'éche-

veaux sortis de la cuve à *débouillissage* et encore
gonflés d'humidité, ou bien à metrer des pièces de
toiles prêtes pour la livraison, il bavarde volontiers.
Dans son enfance, il a été mousse. Il est content de
son travail et de son sort. Il habite une petite maison, qui compte trois pièces, dont le loyer annuel
s'élève à 375 francs. Une maison ouvrière, de deux
à trois pièces avec ou sans jardin, se loue, me dit-
il, aux environs de 400 francs. Une chambre meublée coûte dans les 40 francs par mois. Le tissage
cède à ses ouvriers du charbon au prix de gros,
« à 19 francs, alors que le marchand de détail le
vend 32 francs. En font-ils du bénéfice » ! s'exclame-
t-il. Il est très fier de sa ville de Cholet : « Ah ! qu'elle
est commerçante ! Il n'y a pas de ville commerçante
comme Cholet. On y compte 23.000 habitants
depuis la guerre ; avant, il y en avait 25.000. —
Combien de tissages ? — Quinze. Mais, depuis la
guerre, il y a bien 1.500 métiers de plus ! Et puis,
des tissages et une filature ont été construits dans
les environs, dans des villages, jusqu'à huit ou dix
kilomètres d'ici. Des gens du Nord sont venus en
installer. En outre, depuis la guerre, on s'est mis
à fabriquer des tapis et surtout des chaussures
dans les campagnes voisines... S'il y avait 400 ouvriers tisserands de plus, on trouverait à les employer... »

Cholet, centre de tissage depuis près d'un siècle,
a donc pris un développement considérable et est
en passe de devenir une ville industrielle de premier ordre, ceinturée d'une banlieue dont la population rurale alimente en main-d'œuvre les fabriques. Cette transformation, dont les circonstances
peuvent accélérer la vitesse, fait surgir tous les
dangers qui ont accompagné l'industrialisation
des citadins et des ruraux. Le libéralisme (ou indi-

vidualisme) économique conduit rapidement à la
Révolution. Les fabricants de chaussures sont de
riches cultivateurs qui, au cours de la guerre, ont
employé leurs capitaux à faire construire des ateliers sur leurs terres, autour de Cholet, à acheter
des machines et à louer les services d'ingénieurs,
de comptables, de contre-maîtres. Naturellement,
cette industrie improvisée manque de la solidité de
l'industrie textile, déjà ancienne. Mais toutes les
formes de l'activité industrielle se trouvent également aux prises avec le problème ouvrier, qui n'est
qu'une des faces du problème de l'organisation de
la profession. La solution n'en peut être, ni le désordre individualiste dont nous sortons, ni l'op-
pression et la ruine socialistes où nous entrons,
mais la liberté raisonnable et l'entr'aide équitable
que le régime corporatif garantit. Il est fâcheux
que les Choletais responsables, la bourgeoisie
industrielle, ne prennent pas encore conscience de
l'urgente nécessité d'entrer dans cette voie avant
que la diffusion du socialisme ait créé des malen-
tendus irréparables. Les qualités de labeur et de
prévoyance, de vie familiale, de discipline, que les
salariés choletais ont conservées, les habitudes de
moralité chrétienne et les derniers restes d'une
vague religiosité, qui survivent en eux d'un passé
encore proche, faciliteraient l'œuvre de l'organisation corporative si, de tous côtés, en haut comme
en bas, prenant enfin conscience de sa nécessité,
chacun mettait de suite tout en œuvre pour la réaliser. Les notables sont les responsables. A eux de
comprendre et d'agir. L'élite qui ne discerne pas
les réformes nécessaires se montre inférieure à sa
tâche et risque d'être emportée par la crise qui
menace. Ceux dont l'intérêt est lié à l'établissement
de l'ordre social justifieront-ils une fois de plus

cette vérité d'expérience que les hommes ne se dé-
cident que rarement d'eux-mêmes à l'effort sauveur ?
que, loin de prévoir la marche des événements
et de la conduire, ils s'y abandonnent ou réa-
gissent seulement sous la pression d'un péril
mortel, sinon sous le coup d'un désastre, et trop
tard ?

Quelques personnes, à tous les niveaux de la
société, voient clair. Le grand nombre s'en tient
à une aveugle confiance, qui n'est qu'une forme de
la paresse d'esprit. Un tisserand vient me demander du papier d'emballage « Le patron, lui dis-je,
a l'air de faire des provisions de coton ; il a joliment
raison, car la livre va monter : rien que depuis huit
jours, elle a passé de 102 à 105 francs. — Oh ! fait-
il avec une moue de dédain, elle avait déjà atteint
104 et elle était redescendue à 102. Je ne crois pas
qu'elle monte bien haut, allez ! Le gouvernement
prendra les moyens de la faire baisser !... » Que ne
l'a-t-il fait déjà, le gouvernement, s'il est si malin !
Bon cartelliste et bon républicain, cet ouvrier a
mis toute sa confiance dans la majorité qui gouverne et dans les institutions qui l'ont portée au-
tomatiquement au pouvoir : toujours plus à gau
che, c'est le jeu fatal du mécanisme constitutionnel
qui soumet l'Etat à la loi du nombre. Ce tisserand,
comme ses camarades, comme des millions d'ouvriers et de paysans, parle et agit sous l'influence de
son ignorance totale de la situation économique et
financière réelle de la France, et sous l'impulsion
de sa foi aveugle dans la faction qui exploite le pays
sous couleur de le gouverner et qui le ruine pour
s'enrichir. Ainsi se poursuit la marche du pays,
yeux bandés, à l'abîme.

« Quand vous aurez fini votre travail, me dit le
lessiveur, vous donnerez un coup de balai et vous

jetterez les *bouriers* (1) dans la chaufferie. Et puis, vous prendrez la *berrouette* (2) et vous apporterez à la cuve cent kilos de coton. »

Un jour, je lui apprends que je ne suis venu travailler à Cholet que pour quelques semaines, pendant les beaux jours, et qu'ensuite je remonterai à Paris. Il ne fait aucune réflexion, mais, quelques heures plus tard, me rejoignant à ma table de travail, il me dit : « Ne retournez donc pas là-bas ! Restez avec nous ! Vous êtes bien, à Cholet ? Vous vous y plaisez ? Vous vous y trouverez bien, cet hiver !... » Jusqu'aux barreaux de la fenêtre, se pressent les arbres et arbustes du jardin, cerisiers et poiriers, groseillers, tout un amas de verdures, qui évoquent en mon souvenir l'image du jardin de mon enfance, si loin déjà, dont je suis séparé par le temps plus impitoyablement que de celui-ci par les barreaux de la fenêtre. Presque tout l'après-midi, tombe une pluie fine et drue; des nuages effilochés, chassés de l'Océan par de grands coups de vent, fuient sous la bourrasque, glissant sur un ciel gris et bas. Puis, quand nous sortons, l'horizon s'est dégagé; un pâle soleil s'insinue entre quelques nuées blanches et joue sur les lointains des pâtures encadrées d'arbres et de haies sombres. Quand je viens de l'atelier ou que je m'y rends, j'ai toujours sous les yeux, comme de la fenêtre de ma chambre, le large horizon vert foncé, sévère et mélancolique, des campagnes vendéennes, d'où surgit le souvenir des héros de la guerre contre les Jacobins, cette bande de malfaiteurs, voleurs et assassins, qui firent jadis, déjà, la Révolution. Après quinze jours passés à préparer les écheveaux de coton, travail machinal et de qualité inférieure, je suis à peu près adapté et

1. Poussières, saletés et débris.
2. Brouette.

résigné aux conditions de cette vie si modeste, sïm-
plifiée et obscure ; je descends la pente qui mène à
l'enlisement dans un genre d'activité purement
matériel et machinal. Je projette par l'imagination
dans le passé et dans l'avenir ce travail monotone,
qui me fatigue par son insignifiance et me diminue ;
combien vide m'apparaît alors une telle existence !
L'homme qui la mène ne peut, tout en la continuant,
s'en dégager pour être restitué à sa destinée humaine
que s'il trouve, à la sortie de l'usine, la vie de famille
et la vie de l'âme : le foyer et la religion. Mais cela
suppose que l'organisation du travail et l'organisation politique ne lui interdisent ni l'un ni l'autre. Le
socialisme en balaierait les derniers restes. L'homme
resterait alors face à lui-même, mauvais, face à ses
maîtres, pires. Le laïcisme a déjà, depuis bientôt
un demi-siècle, à moitié enfoncé ouvriers et bourgeois dans cette déchéance. Le socialisme est sur le
point de parachever l'œuvre dégradante. Qui s'en
doute parmi les victimes ? En sortant de la fabrique,
les tisserands parlent paisiblement de la pêche ! « Il
y a de belles tanches dans l'étang. — Et autant de
pêcheurs que de poissons ! — Malgré cela, Maurice
en a pris une livre et demie et Léon trois livres... »
Ils viennent au tissage ou bien le quittent d'un
même pas tranquille, gardant dans les rues la
même bonne tenue que les jours de fête lorsqu'ils
ont revêtu leurs meilleurs habits. En semaine, ils
conservent le plus souvent les vêtements d'atelier :
les hommes en toile bleue ou pantalon de velours et
gilet à manches de lustrine noire, les femmes en
robe-peignoir ; quelques-uns, toutefois, changent les
habits de travail contr des habits de ville très usagés. Les hommes s'en vont ensemble, et, de même,
femmes et jeunes filles ; ou bien l'on voit le couple,
mari et femme, se rendre au travail et en revenir,

d'un pas égal ; ou encore, la mère avec ses filles.
C'est le spectacle d'une population honnête, qui
garde en public une attitude simple et décente,
commandée par la force de la vie de famille, que le
travail en fabrique n'interrompt pas. Et tous se
montrent polis, courtois, tout en demeurant un peu
distants, réservés. Ils ont conservé les traditions de
politesse hospitalière et discrète, de bon accueil et
de mesure des Français d'autrefois, trésor que les
générations se transmettent du fond des campagnes
de Vendée où continuent de vivre ces belles mœurs
toutes parfumées de France ancienne.

Une autre fois, à la sortie, à onze heures, deux
tisserands — 40 et 50 ans — disent : « Il fait beau
aujourd'hui, mais, après la période de pluie qu'on
a traversée, la terre s'est refroidie, c'est fini l'été.
— Tu ne pourras plus aller pêcher des grenouilles.
— Non. Elles ne sortiront guère, maintenant. »
Tous ces ouvriers demeurent très familiers avec les
choses de la campagne ; souvent, ils ont des parents
dans les villages ; la ville de Cholet est, d'ailleurs,
cernée par les champs et pénétrée par l'activité agricole ; plaisirs champêtres, joies de la vie familiale,
voilà les occupations et distractions des tisserands
en dehors des travaux de l'atelier. Un lundi matin,
le chauffeur-conducteur de la génératrice du tissage
me dit : « Hier, j'ai joué au palet, puis, de trois à
huit heures, à la manille. Que faire par un pareil
temps de pluie ! Quand il fait beau, on va se promener en famille à la campagne .. » Ville de travail et
de vie familiale, Cholet ignore fort heureusement les
dissipations des grands centres urbains : un cinéma
qui groupe quelques centaines de spectateurs et
un théâtre qui n'ouvre que pour des représentations
exceptionnelles en constituent toutes les distractions.
Les « buvettes » s'emplissent le samedi soir et le

dimanche, mais ne reçoivent en semaine que de très rares clients. C'est le samedi matin, à la sortie de onze heures qu'avant de se séparer jusqu'au surlendemain quelques compagnons d'usine entrent un moment à la buvette. Ainsi, les deux mécaniciens, le chauffeur-conducteur, le lessiveur, un tisserand et moi, nous poussons la porte d'un cabaret situé en face du tissage pour y boire un litre de vin blanc offert par l'un de nous : un verre pour chacun ; le verre avalé, chacun rentre chez soi. Les autres jours, ils se rendent directement au logis. L'après-midi du samedi, les mécaniciens et les manœuvres reviennent seuls au tissage pour les réparations et nettoyages nécessaires. Le lessiveur et moi, nous nettoyons plusieurs métiers, encrassés par la poudre de coton qui s'échappe des fils. A la sortie, j'offre à mon compagnon une chopine de vin blanc — 90 centimes — qui fait un verre pour chacun de nous.

Le mécanicien me dit, un jour, en passant près de moi : « Je monte faire une réparation dans l'atelier des piqueuses... les demoiselles à chapeau... En bas, ce sont les tisserandes », les ouvrières qui, nu-tête, en cheveux, conduisent un métier à tisser. Voilà deux échelons dans la hiérarchie sociale des ouvrières de tissage. Les tisserandes disent parfois des piqueuses : « Ces bigotes... » Les deux catégories de salariées se divisent et s'opposent encore au point de vue religieux. « Il faut que je m'en aille, s'écrie le mécanicien. Si le contre-maître arrivait !... Ah ! il est malin ! On le croit d'un côté et il est de l'autre. On ne sait jamais où il est et il vous tombe sur le dos tout d'un coup... » Un autre jour, tranquillisé du côté du contre-maître, qu'il sait peut-être parti pour quelque affaire en ville, le mécanicien s'arrête à bavarder un peu avec moi et m'apprend qu' « il y a encore, à Cholet même, quelques tisserands à domicile qui emploient le métier à main ; et il y en a des quantités dans les villages des environs. Mon jeune beau frère, qui a 24 ans, vit avec ses parents, au village ; il tisse au métier à la main. C'est un habile ouvrier et, comme il n'a pas de dépenses... il aide ses parents à cultiver ; alors, ils le logent et le nourrissent... il met bien 5.000 francs de côté par an. — Comment les place-t-il ? — Ils doit prendre des Bons du Trésor. C'est si commode. Je ne crois pas que l'Etat fasse banqueroute : ça serait un grand malheur pour tous les porteurs de Bons et de Rentes. Mais, tout de même, le plus sûr, c'est d'acheter de la terre ou une maison : je cherche à acheter une maison, ici... Ah ! ça va mal : guerre au Maroc, guerre en Syrie ; le général qu'est en Syrie a envoyé des troupes au Maroc et les Syriens en profitent pour nous taper sur le nez. On envoie Caillaux en Angleterre : il y a peut-être encore une entente avec l'Allemagne là-dessous, pour nous rouler. On a gagné la guerre et on est aussi malheureux que si on l'avait perdue... »

Mais *on* devrait s'en prendre aux hommes responsables : *on* les connaît cependant ! *On* est souverain : cet « *On* » ne peut rien pour le salut de l'Etat ; et c'est lui qui perd l'Etat en le livrant aux équipes qui se succèdent au pouvoir et dont l'impuissance pour le bien public et la capacité constante à faire le mal sont rendues possibles, inévitables même, fatales, par les institutions.

Que deviendrait le tissage si sa vie était régie par une Constitution républicaine ! Par le « conseil d'usine », on s'efforce d'y acheminer les naïfs. Je ne vois pas du tout quelles lumières mes humbles fonctions me permettraient d'apporter à la direction du tissage. Et sans aucun doute les tisserands hausseraient-ils les épaules, de pitié, si j'osais émettre

une pareille prétention devant eux. Ils ne traite-
raient pas mieux le chauffeur et les ouvriers de la
forge, qui appartiennent, par définition, à un métier
tout à fait différent. Tout au plus serions-nous
admis au conseil par respect pour les principes
démocratiques. Mais ce serait en proclamer l'absurdité. Les tisserands apparaîtraient-ils plus aptes à
prendre part à un « conseil d'usine » ? Voici la série
des opérations qui s'accomplissent dans un tissage :
les écheveaux de fil ou de coton une fois déballés,
préparés, bouillis et séchés, sont portés au *bobinoir* ;
des ouvrières, appelées *bobineuses*, mettent sur
bobines le fil des écheveaux ; puis, les bobines sont
placées sur le *ratelier de l'ourdissoir* pour être *our-
dies*, c'est-à-dire que chaque bobine, en se déroulant,
laisse son fil s'enrouler sur un rouleau où il devient
l'un des cinq cents ou mille fils perpendiculaires
qui constituent la *chaîne* du tissu. La chaîne étant
ourdie, quatre rouleaux de chaîne sont *encollés* à la
fois sur une machine appelée *encolleuse*. La chaîne
est ensuite *rentrée*, c'est-à-dire que chaque fil de
rouleau de chaîne est passé dans le *peigne* et dans
les *lices*. Alors, le rouleau est prêt à prendre place
sur un *métier*. Telle est la préparation de la
« chaîne ». Quant à la *trame*, ou bien elle est employée telle qu'elle arrive, toute prête, de la filature,
ou bien elle est *cannetée*, c'est-à-dire mise sur *can-
nettes* par des ouvrières appelées *cannetenses* ; la
cannette est placée dans la *navette* dont le va-et-
vient dans la machine à tisser, le *métier*, constitue
l'opération du *tissage*. Les *tisserands* ou *tisserandes* conduisent les « métiers ». Un nom commun
est donné aux ouvrières bobineuses et canneteuses :
on les appelle les *dévideuses*. Au sortir du métier,
les *coupes*, comme on désigne les pièces tissées,
sont, ou *métrées*, ou *comptées*, puis envoyées au

blanc, c'est-à-dire à la blanchisserie, qui est toujours distincte du tissage et qui fait souvent l'objet d'une entreprise différente. Rapportées par le blanchisseur, les « coupes » sont alors dites *blanchies et apprêtées*. Il ne reste plus qu'à les livrer au client. Ne nous préoccupons que des principaux auteurs de ces transformations : dévideuses, encolleurs et tisserands. Quel rôle utile à la direction du tissage pourraient-ils jouer dans un conseil de fabrique ? Comment seraient-ils qualifiés pour participer à sa gestion ? Autrement dit, quel rapport y a-t-il entre leur tâche particulière et la tâche de la Direction ? et, si préparés qu'ils soient à conduire le bobinoir, ou l'ourdissoir, ou l'encolleuse, ou le métier à tisser, le sont-ils à conduire le tissage ? Et, s'ils étaient tous aptes à la direction de l'entreprise, cette direction gagnerait-elle à subir le régime de leurs délibérations plutôt que d'être confiée à un chef ? Les opérations que le personnel varié est chargé d'accomplir ne valent que par leur interdépendance. Chacune d'elles ne prend quelque prix que par le travail de coordination accompli par le chef de l'entreprise qui, à l'intérieur, ajuste les multiples rouages de la production, et, à l'extérieur, adapte l'effort collectif à des nécessités que tous les ouvriers ignorent. Que ce centre de direction s'affaiblisse : l'affaire périclite. Qu'il disparaisse : il ne reste plus de l'entreprise que des éléments épars, comme les perles d'un collier dont le fil est rompu, comme les organes, tissus, cellules, d'un corps dont l'âme s'est retirée et qui se dissout. L'idée de la co-gestion est née du cerveau d'un démocrate imaginant d'appliquer à l'industrie les conceptions républicaines et parlementaires : à la Direction éclairée et efficace, toute subordonnée à son objet, la prospérité de l'usine, se substitueraient le flux verbal, l'incompétence, la lenteur, le retard ou l'impotence, l'intrigue électorale et la considération de buts personnels poursuivis au détriment de l'intérêt général. La ruine de l'entreprise s'ensuivrait nécessairement. Est ce le moyen d'améliorer le sort des ouvriers?

Au surplus, ce sont quelques théoriciens en chambre, et non les ouvriers, qui rêvent de comités d'usine, ou des politiciens qui les envisagent comme un moyen sûr de désorganiser les entreprises industrielles, d'y introduire, avec le désordre, l'influence des meneurs, et d'en préparer ainsi, rapidement, la socialisation. Il ne faut voir dans cette conception qu'un procédé opportuniste, une manœuvre, et, dans son application, une étape. Les ouvriers ne désirent que l'amélioration de leur sort : du socialisme, ils ne retiennent que la promesse de mieux-être ; ils s'y abandonnent, les yeux fermés ; ils s'imaginent que la suppression du patronat les rendra riches. Cette illusion grossière est plus ou moins vaguement partagée par les salariés choletais, tellement elle est communément répandue par toute la France où elle séduit d'innombrables multitudes de pauvres braves gens faciles à duper. Mais, au tissage, je n'entends jamais un mot contre les patrons ou le patron, les capitalistes ou les bourgeois ; le patron semble même entretenir avec tout son personnel des rapports faciles. La population ouvrière de Cholet a conservé pour une large part l'excellent fonds de la nature vendéenne ; elle a gardé, même à son insu, quelques restes du précieux héritage moral et religieux reçu des ancêtres. Mais elle vit sur ce capital accumulé dans le passé et en dissipe les derniers débris. Elle glisse sur la pente redoutable. La foi disparaît ou a disparu chez le plus grand nombre. L'esprit socialiste est apparu et se propage. Le péril se cache encore sous les dehors

d'un tempérament conciliant et laborieux, honnête
et facile. Le feu couve sous la cendre. Le jour où la
Révolution éclaterait en France, des communistes
de Trélazé et d'Angers arriveraient en auto-camions,
grouperaient autour d'eux les extrémistes, les
exaltés : la complicité des sympathies ouvrières et
de la passivité des hommes d'ordre installerait
aussitôt le règne de la Terreur ; exécution sommaire
d'une centaine de notables, emprisonnement d'un
millier d'otages, pour commencer, et la puissance de
la Bête serait fondée.

§ 2. — La pension.

Je cherche en vain une chambre. Tout est loué.
Sur la foi d'un écriteau laissé en place, je m'engage
dans un étroit couloir qui me conduit à une cour en
forme de doigt de gant, flanquée de masures et de
cabinets dont la forte odeur se répand de toutes
parts, tenace malgré le souffle des champs voisins
qui franchit la crête des petits murs. Ces logis misé-
rables sont tous occupés. Après de longues et inu-
tiles démarches, je finis pas prendre pension dans
une modeste auberge de faubourg pour le prix de
14 francs : une pauvre auberge de province rurale,
mais propre, aérée, claire, comme toutes les maisonnettes à un unique étage qui se succèdent dans
le voisinage. Ma chambre mesure près de trois mètres
sur quatre. Elle est meublée d'un lit de bois et d'une
table de nuit, d'une commode, d'une table-toilette et
d'une autre table, de deux chaises ; au mur tapissé
d'un papier grisâtre à bouquets de fleurs, sont accrochées une patère et deux petites glaces ; le parquet
est lavé. Aucun parasite ne m'incommode : ni puces
ni punaises. La table de toilette est couverte d'un

linge ; deux grandes serviettes de toilette sont à ma disposition. Mais, pour m'éclairer, je dois acheter allumettes et bougie. Ma fenêtre ouvre sur les grands potagers et jardins qui s'étendent derrière les maisons bordant la rue parallèle à la mienne. Au delà des toits, c'est tout un lointain horizon de verdures sombres. Un des jardins qui s'étalent sous ma fenêtre dépend de trois maisons ouvrières ; parfois, après dîner, les trois familles qui y demeurent s'installent dehors, chacune devant son jardinet, les hommes en manches de chemise, les femmes assises sur des chaises, les enfants jouant en silence ; un soir, peu de temps avant l'Assomption, je les entends parler à très haute voix des bains de mer et du prix du voyage aux Sables ; une des familles doit y aller passer les fêtes ; une femme s'écrie : « Je connais Granville ! Ah ! c'est joli, les côtes de la Manche ! »

Le jour de mon arrivée, je déjeune dans un petit restaurant situé près des halles, au cœur de la ville ; on me fait payer sept francs le repas composé de : soupe à l'oignon, tête de veau, ragoût de bœuf aux carottes, salsifis, pêche, un quart de litre de vin rouge, pain à discrétion. Les tables sont occupées par une quinzaine de pensionnaires : des ouvriers. Le prix de pension pour les deux repas — même menu — est de 8 fr. 25.

Je donne mon linge à blanchir à une femme de mon quartier. Elle compte à part le lavage et le repassage. Les prix sont très inférieurs à ceux de Paris et même de Tours. Par exemple :

Une chemise............................	0.70
Un gilet de flanelle.....................	0.40
Un caleçon..............................	0.50
Un mouchoir.	0.05
Une paire de chaussettes............	0.25
	1.90
Repassage..	1
	2.90

Cette blanchisseuse se charge de raccommoder le linge. Pour repriser une flanelle et une paire de chaussettes, elle prend 1 fr. 50.

A mon auberge, le prix de 14 francs englobe les frais de logement et de nourriture : collation matinale et deux repas. Le matin, je prend un bol de café au lait avec pain et beurre à discrétion. Aux repas, le pain n'est pas davantage rationné : chaque convive reçoit « un quart » de vin rouge ; le service comporte toujours le potage, trois plats et le dessert.

Voici plusieurs menus :

Potage gras, œuf poché, haricots blancs, veau rôti, salade, biscuit.

Soupe à l'oignon, moules, œuf à la coque, hachis de bœuf à la purée de pommes, biscuit.

Soupe à l'oseille, poisson, macaroni, foie de veau, pruneaux.

Soupe aux choux, sardines, radis, choux-fleurs, foie de veau, poire.

Soupe aux choux, œuf sur le plat, haricots verts, veau rôti aux pommes, salade, fromage.

Soupe aux légumes, œuf sur le plat, pommes de terre en ragoût, côtelette de mouton, cresson, fromage.

Soupe aux poireaux, maquereaux grillés au beurre, ragoût de veau aux carottes, salade aux œufs durs, gâteaux secs.

Soupe maigre, radis, sardine, choux-fleurs, côtelette de mouton, fromage.

Soupe grasse, betteraves à l'huile, lard aux choux, côtelette de mouton aux pommes de terre, biscuit.

Soupe aux haricots verts, tomates farcies, haricots verts, veau aux carottes, biscuit.

La salle à manger est ample, le plafond bas, le sol couvert de carreaux rouges ; une toile cirée est étendue sur la table. A mon arrivée, je trouve cinq pensionnaires : trois jeunes jardiniers, de 18 à 20 ans, qui travaillaient, l'un chez un pépiniériste, les deux autres dans des propriétés ou « clos » du voisinage ; un ouvrier parisien d'une quarantaine d'années, engagé pour l'installation d'une usine ; un manœuvre plus que quinquagénaire, aux bras velus armés de poings gros comme des massues. La servante est d'âge canonique et, comme elle s'appelle Marie, le manœuvre murmure, à sa vue : « Sainte Marie, priez pour nous, pauvres pécheurs ». Dans cette ville encore croyante, la plaisanterie des incroyants prend volontiers le tour pieux : simple façon de manifester leur irrévérence. Marie présente les plats à chaque convive, le poing gauche sur la hanche. Les pensionnaires se servent avec aisance. Ils mangent en silence : peut-être la présence d'un inconnu les gêne-t-elle un peu. Ils ne font entendre aucun bruit de fourchette, d'assiette ou de mâchoires. L'un des jeunes, ses haricots mangés, porte l'assiette à ses lèvres pour ne rien perdre du jus, mais d'un geste rapide et discret. Toutefois, ils hument bruyamment les cuillerées de potage ; pour n'en rien perdre, un des jeunes en verse dans sa cuiller les derniers restes : un autre gratte minutieusement avec son couteau la paroi d'une coque d'œuf. Ils coupent d'eau leur vin : ils boivent peu en mangeant, de façon à garder pour la fin du repas un plein verre de vin pur qu'ils avalent en dernier lieu. Le Parisien prend du vin blanc additionné d'eau de Vichy ; pendant le repas, il s'isole dans la lecture du *Petit Parisien*.

Le jeune pépiniériste est déjà alcoolique. Un lundi soir, il déclare qu'il « n'a pas faim ; c'est que le vin blanc était trop bon hier ». Il arrive toujours très en retard pour les repas et se plaint de manquer

d'appétit. Un soir, comme, au milieu du dîner, il n'a
pas encore paru, les pensionnaires disent : « Oh ! il
a encore trois cabarets à visiter avant d'arriver de
sa chambre jusqu'ici.—Je l'ai rencontré : il était déjà
parti (1).—Ah ! ce qu'il s'en met dans le *bid'* (2) ! —
Être plein, c'est son état normal... » Quand le jeune
homme survient enfin, il avoue que, dès midi, il
avait déjà bu plus que de raison. Un des jeunes
jardiniers a un visage sévère, garde obstinément un
silence distant, se tient sur la réserve dans une attitude de dignité un peu hautaine ; physiquement, un
beau type de chef de famille rurale et de fermier
chef d'exploitation.

Un jour, un ouvrier spécialiste, arrivé de Paris,
prend place à table auprès du Parisien. Il doit travailler pendant quelques jours à certains détails de
la même installation. Tous deux parlent longuement
des « chantiers » de la capitale où ils ont travaillé
ensemble. Il n'est question que de réparations et de
transformations d'hôtels particuliers du quartier
des Champs-Elysées et de l'avenue du Bois : comme
par hasard, ce ne sont que des hôtels de grands
Juifs. A tout instant, ils les nomment : « le baron
Edouard », « le baron Edmond », « Henri de Roths-
child », « le baron James », « Feiss », « Blum »,
« Blumenthal ». Ils se remémorent les vieux hôtels
qu'ils ont complètement transformés : « ... Il n'en a
laissé que les quatre murs. L'escalier de service
était à droite : il l'a mis à gauche. Il a démoli le
grand escalier d'honneur pour le déplacer... » Ou :
« Le lustre projetait l'ombre de la corniche de la
bibliothèque : il a fait sauter le plafond pour le
déplacer de vingt centimètres... » Ou encore : « Il

---

1 Légèrement pris de boisson.
2. Ventre.

a fait faire pour un million de travaux... » Ils en sont dans l'admiration. Ils ne méprisent pas la richesse ni les riches ; ils en vivent. Ils déplorent la prochaine démolition de l'hôtel Dufayel, avenue des Champs-Elysées. Ils y avaient travaillé et ils ne tarissent pas d'éloges sur les appartements ornés de colonnes de marbre aux chapiteaux de bronze : « C'était le plus bel hôtel de Paris », affirment-ils.

Un autre jour, le patron se dispose à égorger un porc. L'animal se répand en cris déchirants. Les pensionnaires s'en amusent : « Il n'en a plus pour longtemps. — Il est arrivé à destination. — Il fait son acte de contrition », ajoute le manœuvre, toujours hanté de souvenirs chrétiens d'enfance, qu'il n'exprime qu'en les parodiant. Si la Révolution éclatait, ces propos et quelques autres accompagneraient l'agonie des « ennemis du peuple » : prêtres, patrons, bourgeois, et surtout « gens du peuple ». Ce sont ces derniers qu'en Russie les bolcheviks ont tués en plus grand nombre.

Une autre fois, tout en mangeant, l'homme aux poings énormes et velus regarde par la fenêtre le ciel bleu et il dit : « Je voudrais bien savoir qui c'est qui gouverne ça. » A cette réflexion d'agnostique tout de même tourmenté par la grande inquiétude humaine, le Parisien répond en souriant d'un air sceptique et amusé : « Tu n'as qu'à y monter en avion. — C'est vrai, reprend l'autre, qu'on peut monter à des 8 et 10.000 mètres ; mais plus on s'élève et plus c'est la même chose. — Attends un peu ! riposte, railleur, le Parisien ; on va construire bientôt un funiculaire pour la lune ! — Oh ! alors, observe un des jeunes jardiniers, il faudra bien cinquante ans pour y arriver ! » Remarque pleine de justesse. Le Parisien y oppose aussitôt une réflexion enfantine : « Cinquante ans ! Tu n'as donc pas vu sur le journal qu'Arrachart vient de faire en avion Paris-Constantinople-Moscou-Paris en trois jours ! » C'est le petit cultivateur vendéen qui avait fait preuve de sagesse et de science : mais le ton et l'ascendant du Parisien l'impressionnent à ce point qu'il se hâte de tirer de sa poche *Le Petit Courrier* d'Angers (qu'il a acheté aujourd'hui au lieu de *l'Auto*) pour y relire le récit du raid merveilleux dont son interlocuteur conclut à la possibilité d'atteindre la lune en beaucoup moins de cinquante ans.

Le premier jeudi que je passe à l'auberge, je dis à la patronne : « Demain vendredi, vous me servirez maigre. » Elle prend un air consterné et garde le silence. Mais, le lendemain et les vendredis suivants, on me sert un œuf au lieu de viande. Mes compagnons ne font aucune réflexion à ce sujet, du moins en ma présence. La servante ayant fait remarquer que le lendemain (Assomption) était jour de fête : « Quelle donc fête ? interroge le manœuvre... Ah! Sainte Marie... » Et il récite ironiquement la salutation angélique qu'il achève sur une grossièreté dont sourient les pensionnaires. « C'est pécher, ajoute-t-il, que de mettre de l'eau dans du vin. Du vin dans de l'eau, passe encore ! Mais quand on fait le contraire, il faut ensuite aller à confesse. » Le soir venu, il n'y est sûrement pas allé, car il se présente au dîner avec une demi-heure de retard et se dirige vers la table d'un pas mal assuré : grand, large, le buste d'une épaisseur égale à son ampleur, les bras en balancier, il avance en hésitant et s'affermit en posant le poing sur les meubles ou dos de chaise qu'il trouve à sa portée.

Le lendemain, jour de l'Assomption, dès 7 h. 1/2 du matin, l'homme aux poings est assis dans la cuisine. Il a conservé ses vêtements de travail : une-

chemise fripée habille le buste ; les manches en sont roulées jusqu'aux coudes ; il porte son pantalon de velours crasseux, ses grands souliers ferrés ; il n'est pas rasé ; hirsute, poilu, velu, il est attablé devant une bouteille de vin blanc, qu'il vide méthodiquement, l'air profondément absorbé. A 9 h. 3o, il est encore là, offrant le même spectacle. A 10 h. 3o, il a changé de local : émigré dans la salle des consommateurs, il est assis à une table, avec trois camarades, devant une bouteille de vin blanc. Il commence à sortir de sa torpeur et, bientôt, complètement réveillé, l'œil brillant, il articule quelques vagues propos. Il ne lui manque que de tonner contre le capital pour être un « bon bougre » de citoyen, comme disaient les Jacobins au temps de leur Révolution, un « camarade conscient et organisé », comme on dit au temps de la Troisième République, et un produit intégral du régime, solide au poste, demain, si la Révolution — qui continue — brûlant les étapes, requiert les services des gars costauds et sans préjugés pour détruire « les ennemis du peuple ». Onze heures trente : de la cuisine, monte une voix d'homme. Il dit à la patronne : « Je travaille tous les dimanches, tant que j'ai des bras... » Midi et quart : le repas est commencé. L'homme fait enfin son entrée. Il a changé de chemise. Les manches en sont déjà roulées jusqu'aux coudes. Dans cet aimable et perpétuel négligé — chemise et pantalon — il prend place à table. On lui dit : « Pas rasé ? — Pas eu l' temps ! — A quelle heure qu' t'es donc levé ? — A sept heures. — Ben ! qu' é' qu' t'as donc fait d'puis ? — Peuh ! si j'ai bu deux litres, c'est bien tout ! — Tu trouves qu' c'est rien ? — Peuh ! Fi 'd' g... ! c'est pas l' diable !... et maintenant, c'est dimanche, on va faire un somme... » En attendant, bien d'aplomb depuis qu'il a fait son plein d'essence, il mange bien, boit son quart de litre, pendant qu'on lui rappelle d'autres excès, ceux de sa jeunesse dont il se met à plaisanter en termes fort peu voilés. Le soir, au dîner, l'homme aux poings ne paraît pas à table. La servante en donne l'explication : « Il est parti dans les vignes du Seigneur. C' qu'il a dû en boire, des verres ! »

Le lendemain, dimanche, à 7 h. 30 du matin, l'homme collationne : il mange un œuf, de la salade, vide la moitié d'une bouteille de vin blanc et fait enlever son verre pour n'être pas tenté de finir la bouteille. La patronne parle d'un cambriolage commis chez des bourgeois de la localité : ils étaient en villégiature ; on a forcé leur coffre et dérobé, avec des titres, pour 20.000 francs de bijoux. La patronne s'étonne de leur imprudence : pourquoi n'avaient-ils pas déposé toutes ces valeurs dans une banque ? Trois ouvriers sont présents : aucun ne s'indigne à l'idée que des bourgeois possèdent de l'argent et des bijoux ; ils n'émettent pas de réflexions hostiles aux riches. Le manœuvre dit seulement : « Moi, j'ai pas peur qu'on me vole. » Mais la patronne l'interpelle : « Quand vous croyiez avoir perdu 100 francs, l'autre fois, vous en avez pourtant fait une vie ! — Ça, c'est vrai, avoue-t-il loyalement. — Cent francs pour vous, c'est comme 20.000 francs pour un riche ! » Les hommes approuvent. « Et puis, ajoute la femme, des bijoux de famille ! des souvenirs ! — Ça n'a pas de prix », remarquent-ils. Quelques instants après, la patronne reprend : « Hier et aujourd'hui, Cholet est désert. Dame ! maintenant les ouvriers et les boutiquiers vont aux bains de mer !... »

A midi, Gros-Poings se présente à table. Avec son buste énorme pesant sur les jambes arc-boutées, pieds écartés, avec ses bras tenus en anse, ses

épaules larges, arrondies et haut remontées, où
s'enfonce la tête, on dirait quelque orang-outang un
peu humanisé. Sa tête est ronde, son œil clair.
Quand il cesse d'être absorbé par ses ruminations
de grand buveur, il a un regard caressant d'enfant
et un bon sourire qui surprennent dans cette masse
d'os et de muscles, de silhouette un peu bestiale.
On lui dit, avec malice : « T' as donc été à la pêche,
hier soir ? — La pêche au vin blanc ! répond-il.
— Ah ! ça mord toujours, ça ! — Tiens, fi' d' g... ! »
Le soir, à sept heures, il a enfin revêtu ses habits
du dimanche. Il est ponctuel. Il n'a pas fait d'excès,
aujourd'hui. Il explique qu'il vient seulement, avec
son compagnon habituel, de vider deux litres dans
deux cabarets voisins et de boire dans un troisième
cabaret.

Les deux Parisiens, eux, s'irritent des deux chô-
mages religieux qui viennent de se succéder: « Vivement, demain, qu'on travaille, s'écrient-ils. C' que
c'est long, deux jours à rien faire ! Et encore avons-
nous travaillé hier matin ! Désormais, nous travail-
lerons tous les dimanches ! » Voilà l'ouvrier moderne,
libre-penseur, adonné à un travail de brute, avec
les revanches de la brute, les jours de noce inévitables dans une existence sans idéal, sans équilibre,
sans discipline. Ces esprits « affranchis par la science
et la démocratie » sont impuissants à utiliser deux
et même un jour de loisir : ils sont étrangers, naturellement, à toute vie spirituelle et à toute vie intellectuelle ; ils n'éprouvent d'attrait pour aucune lecture sérieuse, aucune forme d'activité de l'esprit ;
le journal parcouru, ils ne se découvrent goût ni
intérêt pour rien. De plus, ils vivent ici en céliba-
taires; le milieu familial leur manque. En démocratie pure, il n'y a que des individus ; depuis Rousseau, la Révolution, dont il est le premier théoricien,

ne vise qu'à détruire, avec beaucoup d'autres institutions, la famille ; son idéal humain se tient au niveau de la chiennerie. Un jour que les propos de table s'échangent à propos des fêtes souhaitées à l'occasion du Saint dont on porte le nom, les deux Parisiens sourient de pitié et disent en haussant les épaules : « C'est de l'histoire ancienne, ces Saint Untel et Saint Tel-autre ! »

Certains ouvriers, comme certains petits bourgeois, lorsqu'il possèdent un droit ou détiennent quelque commandement, en exigent avec une vivacité impérieuse le respect et les exercent avec une rigueur inflexible ; un matin, un des Parisiens se plaint amèrement de n'avoir pas reçu, à la première heure, livraison de pièces attendues et arrivées à la gare ; il menace de se plaindre si, à trois heures de l'après-midi, elles ne sont pas livrées. Il fait sonner très haut ses droits, le préjudice qu'il peut éprouver, et de ce minuscule incident fait une affaire d'Etat.

Après l'Assomption, les jeunes jardiniers quittent la pension et sont remplacés par deux ouvriers bretons, d'une trentaine d'années, un Nantais qui travaille au chemin de fer, et un Rennais, ouvrier mécanicien. Ce dernier, par plaisanterie, mange fort malproprement, avec ses doigts autant qu'avec le couteau et la fourchette, se livre à mille facéties grossières ou plaisanteries obscènes et simagrées de commis-voyageur en libre-pensée : par dérision, il couvre d'une multitude de traits en forme de croix le morceau de pain qu'il va découper. « Ça ne sert à rien ! dit le Parisien. Et puis, ça se fait sur le pain quand il est encore entier. » Le Rennais prend alors un air bête et contrit, puis trouve drôle d'invoquer « le Père du Fils du Saint-Esprit ». Voilà un triste échantillon des nouvelles générations ouvrières, fabriquées par les écoles laïques, ateliers, cabarets, réunions électorales et Bourses du travail des départements bretons.

Ces deux Bretons apportent leur journal à table. Le Nantais lit *Le Petit Parisien* ; le Rennais, tantôt *L'Echo des Sports*, tantôt *Le Journal*, tantôt *Le Petit Parisien* ; un jour, il apporte *L'Ouest-Eclair*, disant : « L'Ouest éclaire rien du tout ; il n'a même pas de lanterne pour éclairer son journal. »

Tous les deux ont femme et enfant, qu'ils ont laissés dans leur ville en attendant d'avoir découvert un logement à Cholet. Le Rennais a trouvé, après quelques recherches, un logement de deux pièces ; on lui en demande 1.200 francs ; il ne se plaint pas du prix ; il admet parfaitement que les loyers augmentent lorsque le coût de la vie augmente ; s'il n'a pas retenu ce logement, situé au second étage, c'est parce que l'enfant ne pourrait aller jouer que dans la rue ; souhaitant, dans un louable souci de surveillance du gamin, trouver une maisonnette ou un rez-de-chaussée avec cour ou jardin, il préfère attendre. Il agit avec délicatesse à l'égard de son patron, qu'il estime ; blessé au pied en travaillant : « Je pourrais, dit-il, chômer pendant quelques jours en touchant une indemnité ; mais j'ai un trop bon patron, on ne peut pas lui refuser de travailler. » Il ne fait allusion à la religion que pour s'en moquer. Par exemple, il prend de la morue ; le manœuvre lui dit · « Tu devrais pas en manger ; ça va te donner soif. — Aie pas peur. Ça me connaît. C'est avec ça que j'ai été baptisé. » Il parle avec indifférence des mauvaises mœurs : « Ah ! cette femme-là, je l'ai fréquentée avant de me marier ! — Le mari ne pourrait pas passer sous la porte. — Il est boisé. — Quel cerf ! — Eh bien ! maintenant, elle est copine avec ma femme. — C'est le moment d'y retourner ! — Ah ! non ! j' cours ailleurs ! » Il se répand sans cesse en propos licencieux et en plaisanteries grossièrement immorales. Il s'occupe beaucoup des nouvelles sportives ; lorsqu'il entre dans la salle à manger avec *L'Echo des Sports*, cette feuille fournit la matière d'une interminable conversation sur les divers concours sportifs et leurs champions. A maints repas, il se livre à de longues dissertations sur les champions et les championnats Un nouveau pensionnaire, jeune ouvrier d'environ 18 ans, lui donne la réplique, faisant preuve d'une connaissance approfondie des noms des coureurs, des incidents des différentes courses, des mille menus potins des stades. En les écoutant, je songe à Byzance, passionnée pour les cochers du cirque, même à l'heure tragique où la barbarie turque campait sous ses murailles. Le Rennais se plaît aussi, parfois, aux jeux de mots : « Ah ! soupire-t-il en bâillant, j'ai la *cosse* ! et quelle cosse ! cos...métique ! » Depuis quelques jours, un joueur de piston se fait fréquemment entendre dans le voisinage. Le Rennais s'en montre exaspéré : « Il a commencé, ce matin, avant sept heures, et le voilà qui recommence ! Si ça l'amuse de faire ces bruits-là, il n'a qu'à acheter un moteur et y ajuster le piston !... Non ! mais, des fois ! y va pas finir ? J' lui f. . un coup de canon dans sa maison !... Y mériterait un coup de fusil !... Mais, où y loge, y a pas moyen de l'atteindre : il faudrait un fusil cintré... » Le lendemain, à midi, le joueur de cornet à piston se fait encore entendre : « Ah ! s'écrie le Rennais, c' qu'il doit en bouffer des courants d'air pour souffler si bien qu' ça !... C' que j' lui boucherais volontiers son tube... tiens ! avec une tomate !... Non ! mais il faut qu'il travaille dans les machines à vapeur pour connaître si bien le piston !... » Il

montre des sentiments patriotiques, auxquels font
écho les autres pensionnaires ; comme il arrive pour
déjeuner, on lui demande : « Eh bien ! et la politique ? — Pas de politique ! déclare t-il... Si ! un
coup d'œil sur le Maroc, voir s'ils tapent dur ! — Tu
penses à partir ? — Oh ! le quatorzième jour de la
mobilisation. — Moi, le dixième, fait le Nantais.
— Moi », dit un nouveau pensionnaire, un ouvrier
d'environ 25 ans, « le quatrième. — Ah ! reprend le
Nantais, ça pourrait bien venir » (la guerre) « et
vite !... Ils sont plus malins que nous, les cochons ! »
(les Allemands) « .. Ah ! où est-il, mon fusil !... »
Les voilà prêts à partir. Mais pourquoi disent-ils
que les Boches sont plus malins qu'eux, au lieu de
comprendre, enfin, que les Boches ont un gouvernement qui gouverne pour leur pays, et
nous, un gouvernement qui gouverne contre notre
pays ?

On achève de construire en ville un édifice à
l'usage du fisc, sous la pompeuse enseigne : « Hôtel
des Finances ». Un pensionnaire s'écrie : « La ville
en a maintenant, un bel Hôtel des Finances ! Et
quels *burlingues*, là-dedans ! — Ils auraient mieux
fait de construire un établissement de bains !
remarque un autre. Dire que, pour prendre un bain,
il faut aller, de une heure à quatre, à l'hôpital !
C'est la crampe ! — Il y avait des bains avant la
guerre ; et personne n'y allait !... » objecte un troisième.

Une remarque du Nantais montre à quel point
les petits artisans ont pu, grâce à leurs gains
d'après-guerre, améliorer l'outillage de l'atelier
familial : « La maison Un-tel (à Cholet) fabrique
des machines à bois, à fer, et de toute sorte. Elle a
plus de dix voyageurs. Dame ! aujourd'hui, il n'y a
pas de petit menuisier qui n'ait une scie mécanique

et une toupie (1). » Sur sept pensionnaires, quatre lisent *Le Petit Parisien*; le dernier venu, un homme âgé, semble-t-il. de 25 ans. lit chaque jour *L'Ouest-Eclair* et, le vendredi, mange son bifteck comme les camarades. Le Parisien parle habituellement sur un ton d'ironie légère, en un français émaillé de locutions populaires ; un jour, il conte à sa manière, qui est le genre de la capitale, souriant et railleur. une petite anecdote sur un bourgeois de Cholet: « Il avait ses habits de chasse, pas ? avec une poche dans le dos, t'sais ? Il va au marché, achète vingt francs un beau homard qu'il glisse dans sa poche, pas ? Alors, il se rend au café, montre son homard à des copains et croit le remettre dans sa poche, alors qu'il le f... sur la banquette ! ah ! ah ! puis, y s'en va, et la patronne, t' parles d' sa surprise, qui trouve sur la banquette un homard en balade ! ah ! ah ! ah !.. Ben ! lui, y s'tait enretourné chez lui...Il est pas revenu chercher sa bête. Il a cru l'avoir semée en route quelque part ; il a du pognon ; y s'en f... pas mal ! La patronne lui a renvoyé l'animal, le soir. Ah ! c't un type ! Tu parles d'un numéro !... »

Très souvent, comme on peut le penser, la conversation tombe sur le vin, les pochards, Gros-Poings et son inséparable ami P'tit Jean. Le Nantais assure que, « rien qu'à la *sente* » (2), il reconnaît du vin piqué. Un mardi, à midi, le Rennais s'écrie : « Ah ! c' qu'on a fait du potin jusqu'à minuit, en buvant ! P' tit Jean, c' qu'il en avait, dans le *buffet* (3) ! Après deux chopines, il' tait déjà *noir* !... » Le surlendemain, le manœuvre, en s'attablant, sou-

1. Mot vulgairement employé par les ouvriers pour désigner une toupilleuse.
2. Sentir ; à l'odeur.
3. L'estomac.

pire : « Ah ! qu'est-ce que j'avais pris, hier soir ! — T'étais comme une barrique en vidange ! Et P'tit Jean. Il était encore saoul en faisant son travail : il va se faire mettre à la porte. — Gros-Poings et P'tit Jean, ils ont bu, hier, vingt fillettes et une dizaine d'apéritifs !...» Un soir, avant l'arrivée de Gros-Poings, les pensionnaires disent qu'il boit ses huit litres de vin blanc d'Anjou chaque jour. Ils estiment que « c'est une habitude ; quand on y est habitué, ça ne fait pas de mal ». Un autre jour, en rentrant dîner, je rencontre dans la rue P'tit Jean : il garde à grand' peine son équilibre. A table, les pensionnaires en parlent : « Ce soir, il avait encore son compte. Et c'est tous les jours comme ça. Il ne mange plus. Rentré chez lui, il se couche. — Et il n'est pas encore rentré ! D'ici chez lui, il a des occasions de s'arrêter... »

Ces alcooliques restent des exceptions. Mais, comme dans tous les pays de bon vin, ces exceptions ne sont pas très rares En rentrant dîner, un autre soir, je croise un ouvrier du bâtiment, un homme de 45 à 50 ans. Planté au milieu de la chaussée, pris de boisson, il interpelle les passants : « Eh ! toi ! bec salé ! as-tu été en Australie ?... Eh ! toi ! t' l'as vue, l'Australie ?... Dis donc ! veux tu mourir, ce soir ?...» Les gens sourient et poursuivent leur chemin.

§ 3. — La ville.

Au premier aspect, Cholet apparaît comme un grand chef-lieu rural, un vaste marché à bestiaux, qu'encercle un paysage sévère où se mêlent les traits de la Bretagne et ceux de la Vendée : vallons étroits et profonds, sortes de ravins aux pentes semées de genêts et de fougères, et vastes étendues, planes ou ondulées, toutes en champs et pâtures hérissés d'arbres, coupés de haies épaisses, fuyant sous un ciel parfois d'un bleu éclatant et souvent noyé de nuées qui fondent en pluies abondantes.

Un second examen révèle un Cholet différent : industriel et ouvrier, non plus rural. Des cheminées de briques rouges se dressent sur certains points de sa périphérie. D'abord lieu de fabrication des mouchoirs, puis de la toile, et, depuis la guerre, de chaussures. Cholet et ses environs comptent une population ouvrière nombreuse, tirée de son propre sol : Vendée ouvrière au cœur de la Vendée des chouans. Quel chemin parcouru depuis un siècle ! Les noms de Hoche, Gambetta, Sadi-Carnot, désignent les grandes artères. On vend un peu *L'Ouest-Eclair*, beaucoup *Le Petit Courrier*, « journal régional républicain », et *L'Intérêt public*, feuille incolore, riche en annonces. La vieille énergie des aïeux s'est détendue, la race des « géants » semble éteinte ; on se résigne, on fléchit, on capitule, on est rallié. Ceux qui ne passent pas ouvertement dans l'autre camp sombrent dans l'indifférence ou l'inertie. L'ennemi n'avait pu, les attaquant de front, emporter leurs positions : il les a tournées et, sous le masque de l'amitié, installé dans la place, il les a désarmées ; la ruse et la trahison ont accompli leur œuvre mortelle.

Sauf dans le centre de la ville, les rues sont larges, bordés de maisons basses, et, dans les faubourgs, restent d'amples routes sur les revers desquelles de petites maisons ont poussé et s'alignent, curieuses des passants. L'énergie électrique, distribuée dans beaucoup de ces logis modestes, y alimente le petit atelier familial. Toutes ces maisonnettes ont un aspect avenant et propret ; souvent, la porte ouvre droit sur la pièce carrelée où, le

long des murs blanchis à la chaux, s'entrevoient
un fourneau, un lit, une table, une armoire, un
buffet, meubles très simples et même pauvres,
mais entretenus avec soin ; les murs sont décorés
avec goût d'un crucifix, d'un chapelet, d'images
pieuses ; une femme travaille à l'aiguille ou prépare
le repas ; un ouvrier fait prendre à un bébé son
biberon ; des enfants jouent sur le seuil, sous la
protection du chien. Assez nombreux sont les
enfants ou adolescents : si la natalité fléchit, la
dépopulation ne sévit pas encore. Les cabarets ne
sont pas nombreux et l'on n'y voit que de rares
clients, en semaine. L'ouvrier aime la vie de famille,
et son logis, son jardin. L'après-midi du dimanche,
boutiques et maisons sont closes ; on ne rencontre
personne dans les rues ; on dirait une ville morte.
Les cas d'ivresse publique sont exceptionnels : en
trois semaines, j'en ai relevé trois. Un dimanche,
un ivrogne connu dans le quartier, homme d'une
soixantaine d'années, est, à cinq heures du soir,
étendu sur le trottoir, s'efforçant de se relever sans
pouvoir y parvenir. Un lundi, je rencontre un
homme ivre (1). Un autre lundi, à une heure,
sur la chaussée, devant la porte du tissage, un
ouvrier d'une cinquantaine d'années, en vêtements
de travail, ivre, se répand en propos incohé-
rents et interpelle tous les passants. Une auto
bourgeoise survient : l'homme se porte devant
elle ; le conducteur décrit un large circuit pour éviter un accident. Arrive alors un auto camion conduit
par un ouvrier à coté de qui se tient, debout, un
de ses camarades ; l'ivrogne se range, discourant
toujours ; le conducteur se détourne de sa direction
pour frôler l'homme ivre dont l'ouvrier, debout

1. Celui dont j'ai relevé les propos. p.45.

dans le camion, saisit par plaisanterie la main
tendue : cette farce stupide aurait eu pour effet de
jeter l'ivrogne sous les roues du camion, si, par bonheur, le « camarade conscient » et titubant n'avait
réussi à se dégager aussitôt de cette étreinte.

Près de la Grand'Place, dans une rue latérale, sur
la façade d'un immeuble neuf, gravée dans le ciment
en lettres énormes, cette enseigne s'étale : « Hôtel
des Finances ». Il ne s'agit pas d'un hôtel de voyageurs, comme on pourrait le croire. Une toile tendue
porte ce commentaire : « Recette des Finances. Service de l'emprunt. » Un immeuble spécial est devenu
nécessaire au « service de l'emprunt. » L'emprunt
permanent ! Il lui faut, tout exprès, un hôtel particulier ! L'emprunt à guichets ouverts est devenu une
source normale de recettes pour l'Etat, une institution nationale ! Non loin de là, un cinéma et un
théâtre. Le théâtre n'ouvre qu'à l'occasion d'une
tournée d'artistes. Je lis sur une affiche le titre de
la dernière pièce représentée, le 22 juillet : « Super-
Revue : Tu verras la lune ». Les Choletais ne
perdent rien à ce que leur théâtre ne soit ouvert que
le plus rarement possible. Aussi bien n'en tirent-ils
pas vanité : c'est de leur champ de foire, où se rassemblent, les jours de marché, 1.000 à 1.200 bœufs,
qu'ils se montrent très fiers. Cependant, il y a mieux
que ça : notre Parlement est le plus grand champ de
foire de la France entière ; on y maquignonne tout,
et la France elle-même et ceux qui la gouvernent —
gens à vendre. Le parlementarisme est corruption,
pourriture.

Quelques rues ou ruelles ont conservé leurs noms
anciens, pittoresques ou perpétuant un souvenir
d'histoire locale : « Impasse des Câlins », « rue de
la Frairie » (confrérie, ou peut-être assemblée), « rue
du puits Gourdon », « rue des Vieux Greniers »,

« rue de la Tête noire », « rue de la porte Baron »,
« rue de la chapelle d'Aubigné », « rue du puits de
l'Aire », « rue zigzag ». Brûlé plusieurs fois par les
bandes jacobines au cours des guerres que les Vendéens soutenaient pour le salut religieux et national, Cholet n'a rien gardé de son vieil héritage de
pierres que quelques pans de soutènement des remparts près du Palais de justice, une tourelle de logis
près de Notre-Dame et, rue Nationale, deux anciens
hôtels privés. Mais les ruines religieuses et sociales
sont bien pires : si Cholet a pu renaître de ses
cendres et même pendant près d'un siècle, sauver
son trésor moral, depuis bientôt cinquante ans il le
dissipe à grand train. Sous la Troisième République, la ville a été conquise par la première Révolution. Hoche, cet assassin, traître à la parole
donnée, que les républicains ont surnommé « le paci-
ficateur de la Vendée » et dont ils ont vanté la douceur, avait inauguré sa mission par le lâche massacre
d'Auray ; par la suite, ses procédés d'espionnage,
de primes à la délation, sa cautèle, sa cruauté, première ébauche des méthodes de Moscou, finirent
par avoir raison de l'héroïsme en sabots des populations vendéennes. Travot, son bras droit, le général « bleu » qui fit de toute la Vendée un monceau
de cendres et un lac de sang, a été honoré par les
Jacobins modernes de Cholet : la Grand'Place a
reçu la souillure de son nom. Après un siècle, la
ville, moralement vaincue, capitule, se livre et rend
hommage au chef d'assassins envoyé dans l'Ouest
par l'Association de malfaiteurs qui fit, pour le
compte de l'Angleterre, de l'Allemagne et des Sociétés secrètes, la Révolution anti-catholique et anti-
française des « grands ancêtres » bolcheviks de
89-93.

§ 4. — **Syndicats et journaux**

Le Choletais compte une quinzaine de tissages, dont la moitié à Cholet même et les autres dans les campagnes environnantes, où ont été installées, en outre, depuis la guerre, de nombreuses manufactures de chaussures. Sur les 23.000 habitants de Cholet, 14.000 sont des ouvriers et ouvrières, dont près de 10.000 travaillent dans les tissages, les autres dans des fabriques de chaussures, des ateliers de réparation de cycles et motos, les différents corps d'artisans ou d'ouvriers du bâtiment, ou bien, ouvrières en confection, peinent à domicile, achèvent les mouchoirs et les brodent ; l'énergie électrique distribuée dans les plus modestes logis y actionne la machine à coudre. Cholet possède aussi une importante fabrique de conserves et une fabrique de tapis. Le commerce en gros et en détail y est très important. Dans les campagnes, les ouvriers s'emploient aux champs à l'époque des grands travaux agricoles et à l'usine le reste de l'année ; on constate un rapide changement dans leur état d'esprit, sous l'influence de la vie d'usine qui, dans le régime du libéralisme politique et économique, substitue à la forte constitution de la famille rurale, atelier agricole, le relâchement du lien familial, fait jouer les lois de la psychologie collective, facilite la diffusion des erreurs socialistes et des suggestions anticléricales et révolutionnaires.

Jusqu'en 1870, Cholet et ses environs ne connaissaient que les métiers à main des ateliers familiaux. Des commerçants ramassaient les produits et se chargeaient de les vendre. La première usine de tissage a été installée il y a moins d'un demi-siècle. Les patrons, d'origine modeste, de souche paysanne,

devenus industriels depuis une ou deux générations,
enrichis dans les affaires, mettent en évidence l'in-
comparable valeur de cette population rurale dont
nos ancêtres, à une époque plus ou moins lointaine
de l'histoire des familles, sont sortis pour devenir
prêtres, nobles, commerçants, avocats ou médecins.
Ce patronat choletais s'est constitué, à la fin du
xixe siècle, de la même manière que, vers le même
temps, se formaient ceux de Roubaix, Tourcoing,
Roanne, villes de tissages, et d'autres cités encore ;
et cette ascension moderne répétait celle qui se produisait déjà sous l'ancien régime lorsque, par
exemple, les paysans descendus des montagnes du
Dauphiné faisaient fortune dans les manufactures et
entraient de plein pied dans la haute bourgeoisie ou
même la noblesse : ainsi Claude Périer devenant
haut et puissant seigneur du marquisat de Vizille (1).
Malheureusement, le succès individuel dans une
société individualiste n'a pas préparé les patrons à
comprendre que leur intérêt patronal, d'accord avec
l'intérêt ouvrier, professionnel, social et national,
exigeait l'organisation corporative de leur industrie :
ils ont cru et ils continuent de croire qu'il suffit à
chacun de poursuivre égoïstement son propre succès
pour l'atteindre et l'affermir ; le voisin est un con-
current ; il ne peut être un collaborateur ; chacun
pour soi. Cette méconnaissance de la solidarité professionnelle, fâcheuse en tout temps, risque, dans les
circonstances critiques que nous traversons, d'être
désastreuse. Beaucoup d'industriels en France,
dépourvus de la culture économique nécessaire, ne
comprennent pas qu'en période d'avilissement
rapide de la monnaie, leurs bénéfices sont souvent

1. Voir *La Légende de Vizille*, dans les *Cahiers des Etats
Généraux*, nº 18, 1925.

apparents et leurs pertes réelles, qu'ils se ruinent en croyant gagner et qu'ils épuisent leurs fonds de roulement et leurs réserves ; que leur entente seule peut les sauver par la fixation des prix de vente, la règlementation de la production, la constitution d'un fonds commun de réserves en devises appréciées. La collaboration, l'entr'aide, au lieu de l'ignorance systématique des besoins et difficultés que plusieurs éprouvent ou des périls dont tous sont menacés, ne s'impose pas qu'aux seuls patrons : il est contraire à leur intérêt individuel autant qu'à leur devoir social de laisser, autour d'eux et au-dessous d'eux, la foule de leurs salariés vivre dans un état de mécontentement, d'énervement, d'irritation, parfois même d'effervescence, dont il n'est pas malaisé de définir les vraies raisons et de trouver le remède ; le groupement de tous ces éléments jusqu'ici dispersés et abandonnés au hasard d'une existence précaire, leur incorporation à la société de métier, leur participation à la constitution et à la gestion du patrimoine commun destiné à les aider aux heures difficiles amèneraient l'apaisement avec le mieux-être. Mais l'inorganisation professionnelle, la dispersion individualiste, a causé le chaos et les heurts, provoqué la formation de groupements qu'animent l'envie et la colère, qu'inspire l'idée de lutte des classes. Là où devrait régner l'ordre, c'est la discorde qui règne.

Le syndicat de lutte de classes est une caricature de l'organisation professionnelle. Les révolutionnaires choletais ont fondé un syndicat socialiste et installé une Bourse du travail.

A l'inverse, un syndicat professionnel chrétien d'ouvrières a été créé depuis la fin de la guerre. Installé dans un petit local de la rue des Vieux-Greniers, il dépend des syndicats féminins de la rue de l'Abbaye, à Paris. Les femmes ont devancé les hommes et les hommes ne les ont pas imitées : ils n'ont pas encore constitué de groupement ouvrier pour la corporation future. Aussi un certain nombre d'employés de banque — catholiques pratiquants et jeunes gens des patronages paroissiaux — se sont-ils affiliés à la C. G. T. sans se rendre compte du mal auquel ils collaborent et de l'aide qu'ils apportent à une organisation anti-sociale et anti-religieuse.

A l'occasion de la grève des employés de banque, la C. G. T. — à laquelle viennent d'adhérer (1) en bloc 80.000 instituteurs des écoles publiques, sur 120.000 ; la C. G. T. U. a reçu, de son côté, 20.000 adhésions — a fait placarder à Cholet des affiches où je lis : « Parents, ne faites jamais de vos enfants des employés de banque. On crève de faim dans ce métier. A 35 ans, l'employé gagne à peine le salaire qu'un ouvrier obtient en quittant le service militaire. Aucun statut ne le protège contre l'arbitraire des Directions... Tant qu'un statut établi d'accord avec les organisations syndicales d'employés de banque ne sera pas mis en application, nous ne cesserons de vous dire : Pères et mères de famille, c'est une erreur, presque un crime, que de placer vos enfants dans une banque. » Rédaction habile : il y est question d'un « statut », idée juste ; et il semble qu'on n'ait d'autre souci que celui des intérêts purement professionnels. Voilà ce qui se voit et ce que l'intéressé est tenté de croire. Mais on abuse de sa confiance : on ne lui dit pas que ce statut sera établi par le Parlement sous l'inspiration de la C. G. T., qui est socialiste et maçonnique comme le Parlement est étatiste et maçonnique ; par conséquent,

1. Août 1925.

ce statut, en apparence professionnel et destiné à sauvegarder les intérêts des professionnels et de la profession, ne sera en réalité qu'un instrument de lutte des classes, donc de guerre civile sèche, une machine de parti au service des luttes de partis, un moyen d'assouvir des ambitions et des appétits, de socialiser les banques et d'en domestiquer le personnel. Dans ce conflit des banques et de leurs employés, la seule solution exacte, désintéressée, purement professionnelle, n'a été exposée et défendue que par les royalistes : la considération de la valeur-or dans les contrats, qui mettrait le salaire à l'abri des fluctuations de la monnaie, dont le change et le coût de la vie sont l'expression ; et l'organisation corporative qui assurerait aux salariés un statut vraiment professionnel (1).

Mais la diffusion des journaux révolutionnaires maintient dans l'aveuglement une fraction — la plus active, la plus ardente — de la classe ouvrière. Rien que dans mon quartier, le marchand de journaux reçoit et vend, chaque jour, onze *Humanité* et vingt-deux *Quotidien*, qui vont empoisonner trente-trois familles. Les ouvriers sont entraînés, à leur insu et contre leur vœu, à la solution collectiviste qui, socialisant tous les moyens de production, aggraverait leur condition en les asservissant à perpétuité à l'Etat-patron et à la misère à laquelle le communisme réduirait la société tout entière. Les employés qui font semblablement confiance aux chefs cégétistes sont portés à leur insu par le même courant qui entraîne l'économie nationale à la ruine, les citoyens à l'esclavage socialiste, les chrétiens à l'anéantissement de la famille, de la morale et de la religion. Ainsi, la C. G. T., s'étant emparée de la

1. Voir l'*Action française* du 13 août et du 16 août 1925.

direction de la grève des banques, fait voter par les
grévistes un ordre du jour, dont ils ne mesurent
certainement pas la portée, en faveur de la gérance
des banques par l'Etat jusqu'à la solntion du conflit.
La solution socialiste du monopole des banques par
l'Etat se trouve ainsi amorcée : les trois quarts des
grévistes qui y ont souscrit ne discernent certainement pas les conséquences de la décision qu'ils ont
prise. Les meneurs les conduisent habilement —
tout comme ils conduisent l'aveugle suffrage universel — à la nationalisation progressive des moyens
de production, à la suppression de la propriété individuelle, donc au bolchevisme. Entre cégétistes et
unitaires, il n'y a d'autre différence qu'entre gens
qui, prenant leur temps, ménagent les transitions,
et gens pressés de brûler les étapes pour arriver de
suite au but et s'installer sans retard dans les grasses
prébendes. L'officieuse et maçonnique C. G. T.
conduit directement au bolchevisme ; la réalisation
de son programme constitue la dernière étape avant
le communisme intégral. Les démocrates sont des
cégétistes modérés, des suiveurs dociles, de niais
complices.

J'ai pu m'entretenir à plusieurs reprises avec un
petit groupe de catholiques choletais, employés de
tissage, de banque et de commerce, qui étaient
désireux de s'unir sur le terrain professionnel pour
améliorer leur sort. Une douzaine d'entre eux
assistaient à une première réunion. Avant l'ouverture de la séance, l'un d'eux déclare que *L'Action
française* est le seul journal qui fasse au gouvernement une opposition efficace et il déplore l'influence
de *L'Ouest-Éclair* et le mal énorme qu'il cause à
l'idée catholique et aux intérêts religieux. La séance
ouverte, je presse mes auditeurs de se constituer en
syndicats, éléments des futures corporations locales

du tissage, de la banque et du commerce, où devront
entrer les groupements ouvriers et patronaux pour
la défense de leurs intérêts professionnels et de
l'ordre social tout entier. Nous sommes menacés par
le bolchevisme ; qu'il nous envahisse progressivement, conformément au programme parlementaire
de la C. G. T., ou qu'il triomphe brusquement par un
coup de force révolutionnaire, ce sera, dans les deux
cas, la ruine de la civilisation matérielle, de toute
liberté individuelle ou collective, l'anéantissement
des familles, la destruction de toute culture intellectuelle, de la morale et de la religion. Nous devons
organiser la profession à la fois pour sortir du libéralisme individualiste, qui a engendré la menace
socialiste et révolutionnaire, et pour empêcher la
réalisation de cette menace. Le remède aux différentes difficultés que la vie des salariés rencontre
ne peut se trouver que dans la constitution de corporations qui assumeront le service des assurances
sociales.

Mes auditeurs conviennent de se réunir pour une
seconde causerie. Ils me disent que, sur 100 employés, 80 sont des catholiques pratiquants. Ils
se plaignent d'être délaissés par les patrons :
« Il ne nous aident pas. Ils ne s'inquiètent pas de
la G. G. T. dont ils s'imaginent pouvoir neutraliser
l'action en achetant ses chefs. Par leur indifférence
à l'égard des bons éléments ouvriers autant que
par leurs tractations secrètes avec les mauvais, ils
favorisent la propagande révolutionnaire. »

Quelques jours plus tard, quatorze employés se
réunissent. Je leur montre en saint Louis le patron
des corporations, auxquels il a donné un statut
légal, une charte. J'esquisse la constitution de
l'ancienne France, composée de corps se gouvernant
librement : familles, paroisses, corporations, com-

munes, corps universitaires, corps monastiques, provinces, Eglise, Etat. La Révolution a détruit toutes ces républiques pour leur substituer l'éparpillement individualiste rêvé par Rousseau et sa conception tyrannique de la volonté générale exprimée par les caprices d'une assemblée omnipotente, au pouvoir redoutable parce qu'anonyme, incompétent, irresponsable, arbitraire, dotée d'une souveraineté sans limites contre laquelle nul ne possède aucun recours. Désormais, la puissance publique va osciller entre le despotisme et l'anarchie : la Révolution a eu pour conséquence le libéralisme économique qui a engendré le socialisme et rendu imminente une révolution nouvelle qui fera la société pire qu'elle n'est à l'heure présente. Comment sortir du libéralisme et échapper à la Révolution ? En restituant à la société sa constitution naturelle. La société est faite, non pas d'individus, mais de sociétés élémentaires : familles et Eglise qu'il nous faut sauver d'une ruine totale ; communes et provinces que nous devons restaurer ; corps de métiers que nous devons reconstruire. Ainsi retrouverons-nous nos droits et libertés essentiels et, dans sa plénitude, ce droit de propriété qui est la sauvegarde de tous les autres. A la formule socialiste—tous salariés — qui est celle du capitalisme intégral, nous opposons la formule émancipatrice — tous propriétaires par la propriété individuelle, familiale, corporative — qui assure à tous l'indépendance légitime et nécessaire sous la sauvegarde d'autorités rationnellement ordonnées. Reconstruire la Corporation, c'est agir conformément à l'intérêt général et aux intérêts privés, puisque c'est realiser les assurances contre chômage, maladie, accidents, vieillesse, distribuer l'éducation technique, économique, sociale, générale, organiser le crédit gratuit pour l'achat ou la construction du logis familial et la dotation des enfants,rédiger la législation du métier et en soumettre les infractions à la juridiction professionnelle,réglementer le marché et les prix et contrôler la fabrication, constituer, gérer, accroître le patrimoine collectif.

Mes auditeurs promettent de s'engager dans cette voie. Leur but,m'assurent-il, n'est pas la lutte,mais la collaboration des classes ; l'objet de leurs désirs est de mettre sur pied des institutions professionnelles qui les défendent contre les incertitudes de l'existence, ses risques, ses maux immérités ; ils manifestent autant d'hostilité contre les agissements cégétistes que de répugnance à l'égard de l'inorganisation individualiste. Ils m'apprennent que plusieurs catholiques, employés de banque, qui avaient adhéré à la G. G. T., viennent de lui adresser leur démission : des chefs de service, cégétistes, membres du comité de grève, avaient voté la grève et refusé d'y participer en raison de leur situation ; leurs employés, écœurés de cette attitude, ont alors quitté la G.G.T., mais,découragés par cette fâcheuse expérience syndicaliste, sont retournés à leur isolement individualiste. La violence révolutionnaire recrute ordinairement ses plus ardents partisans parmi ces gens déçus et aigris. Le syndicat cégétiste des tisserands compte plusieurs centaines d'adhérents, hommes et femmes ; une certaine inertie empêche les Choletais de s'y inscrire en grand nombre ; mais il n'en faudrait pas conclure à l'impuissance de la propagande révolutionnaire ; l'esprit socialiste se répand à la faveur de la situation créée par le libéralisme économique et de la force de rayonnement dont l'organisation syndicale qui siège à la Bourse du travail dispose. Le régime électoral,la politique générale du gouvernement et les journaux de gauche font le reste.

Voici quelques thèmes de leurs prédications. Dans *Le Quotidien* (1) le docteur Toulouse proclame que « le travail devrait être une obligation sociale ».Il justifie de la façon suivante son apologie des travaux forcés : « la grande inégalité », la plus choquante, provient de ce que certains, « parce qu'ils ont hérité d'un capital », se trouvent « libres de ne rien faire... et il n'est aucune justification plausible à cette situation anormale. L'hérédité d'un titre ou d'une fonction sociale n'est pas admissible... Mais le capital n'est pas davantage objet de succession... Le capital » qu'un homme « possède, c'est en vérité le travail des autres... En y réfléchissant, on ne trouve pas plus légitime d'hériter aujourd'hui d'un titre de rente — qui dispense de payer par un effort personnel sa nourriture — que jadis d'un titre de noblesse qui exonérait de certaines charges... On doit donc publier cette règle que le travail est une obligation sociale pour tous ceux qui sont capables de l'exercer... » — L'affaiblissement de la famille par la suppression de l'héritage en attendant la suppression de la propriété, le recommencement perpétuel pour chaque génération, la discontinuité dans la vie familiale et nationale, le dénûment obligatoire et l'égalité dans la misère, le travail forcé, sans espérance, nécessairement stérile, voilà l'idéal que *Le Quotidien* propose à ces Français dont tant d'aveugles optimistes affirment que « le bon sens » les préservera à tout jamais des catastrophes. Du moins, ces lignes lues, ne pensera-t-on pas que le radicalisme-socialiste n'est pas le fourrier vigilant du socialisme pur

_____

1. 21 août 1925.

et simple, doctrine d'égalité dans la misère et l'esclavage.

Telle n'est pas la seule erreur funeste que ce journal sème à tous vents. Aux fonctionnaires, instituteurs, petits bourgeois, boutiquiers, employés, ouvriers,qui lui confient le soin de leur déformation intellectuelle,il apprend,sous la signature d'Aulard, qu' « au xvie siècle, l'humaniste Erasme fut pacifiste » : aussi bien Erasme avait-il « une âme de libre-penseur » ; ce « Voltaire du xvie siècle » mourut « sans l'assistance d'aucun prêtre ». Aulard trouve admirable que « l'horreur de la guerre » soit « telle chez Erasme qu'il en » vienne « à assurer que même une paix injuste vaut mieux qu'une guerre juste ». D'ailleurs, « qui veut la guerre ? Sont-ce les peuples... ? Non, ils ne veulent que le travail dans la paix .Ce sont les princes qui veulent la guerre, par ambition, par colère, par orgueil », sans compter « les excitations du clergé, qui souvent les entraînent à la guerre. Quel remède ? L'arbitrage. Même si les arbitres sont injustes, dit Erasme, ils ne pourront manquer d'aboutir à un résultat moins mauvais qu'une guerre déclarée. Autre remède, plus lent, plus efficace : purifier la source d'où découle la guerre, la purifier par la vertu, nous dirions par le civisme .. Ah ! si M. Lyautey avait lu Erasme, le sang de nos enfants ne coulerait peut-être pas au Maroc ! Mais surtout, surtout, pour créer la paix, il faut la vouloir, la vouloir, dit Erasme, de toutes les forces de son âme... » Ainsi l'« on voit, une fois de plus, que les racines de notre sagesse, en général, et de notre pacifisme raisonnable, en particulier,plongent dans l'humanisme du xvie siècle, ce grand siècle libérateur. » — Le siècle de la prétendue Réforme, du paganisme renaissant et des guerres de religion, qualifié de « siècle libérateur » ; une paix injuste préférée à une guerre juste et ainsi l'injustice à la justice ; l'origine de toute guerre placée dans l'ambition et l'orgueil des princes, les « excitations » des prêtres, et l'origine de la paix dans la volonté des peuples, en dépit de l'expérience historique qui nous montre les guerres de peuples plus folles, plus haineuses et plus meurtrières, les guerres de rois plus prudentes, sages, avisées, ménagères du sang des sujets ; enfin, l'arbitrage tenu pour un remède, avec « la vertu de civisme » et la volonté (alors que l'acceptation de l'arbitrage et l'existence d'un arbitre capable de faire respecter ses décisions supposent le problème de la paix préalablement résolu et que ni la vertu, même de « civisme », ni la simple volonté de paix, ne suffit pour supprimer, avec les causes de guerre, la guerre elle-même) : ce tissu d'extravagances ne pouvait manquer d'être signé « Aulard » (1).

Le même Jacobin raconte aux mêmes lecteurs que « la mission laïque française fait connaître et aimer la vraie France en Orient » (2), tandis que, « naguère, la culture française n'était propagée en Orient que par le clergé catholique... Ce n'était pas, vous le pensez bien, la France de 1789 qu'enseignaient là-bas ces religieux, mais plutôt la France des croisades, ou du moins la France des Bourbons, la France fille aînée de l'Eglise... Leur but idéal était et est de convertir, soit les musulmans, soit les orthodoxes, à la religion romaine... Par les formes catholiques de leur enseignement, ils ont inquiété les consciences non catholiques... et, en mettant la culture française au service de l'Eglise romaine, ils

1. 23 août 1925.
2. 30 août 1925.

ont parfois nui au prestige de la République française. C'est pour parer à ce danger, c'est pour faire connaître aux Orientaux la France non fanatique, la France libérale et fraternelle, la France laïque, que la Mission laïque française a été créée, en 1902, par quelques professeurs et instituteurs dont le patriotisme s'inspirait de l'esprit de 1789. Ils ont entrepris de créer, dans la Turquie d'alors et dans l'Egypte, à côté des écoles congréganistes, des écoles laïques »... On ne saurait mieux faire éclater l'incompatibilité de l'idolâtrie laïque et de la religion catholique, de la Révolution et de l'Eglise, de notre République et des exigences chrétiennes et françaises, de la libre-pensée et de la civilisation, ni plus fortement proclamer que l'affirmation de Gambetta, « L'anticléricalisme n'est pas un article d'exportation », tout comme celle de Ferry sur l'école « neutre », était un mensonge, alors jugé nécessaire.

La déchristianisation, grand'œuvre du Mensonge, n'est pas poursuivie avec moins d'acharnement à l'intérieur du pays : *Le Quotidien* (1) salue avec joie l'entrée de 80.000 instituteurs dans la C. G. T. (2) : « On peut dire que l'école unique, par le seul fait d'une jonction entre les vieilles organisations syndicales et les groupements de maîtres, vient d'accomplir un grand pas... L'école unique doit être le but auquel on tend... Elle apparaît, en tout cas, indispensable, et l'appui que lui donnent les syndicats ouvriers ne saurait être trop hautement estimé. » L'école unique précédera immédiatement le monopole de l'enseignement qui fera de l'Etat le seul maître des âmes en même temps que le socialisme le rendra seul maître des corps.

1. 31 août 1925.
2. 20.000 sont affiliés à la C. G. T. U. et 10 000 demeurent en dehors de toute organisation révolutionnaire.

L'Humanité sème sur le terrain préparé par un demi-siècle de République et de laïcité et tout fraîchement labouré par les radicaux-socialistes du *Quotidien*. Elle mène vigoureusement campagne « pour l'indépendance du Maroc et de toutes les colonies » (1) : la lutte contre « le colonialisme » ne serait qu'un épisode de la lutte contre ce qu'elle appelle « le capitalisme » : « Notre parti poursuit son combat contre le capital hors des front'ères comme dans le pays lui-même. » Ii entend « aider dans leur affranchissement tous les peuples de la terre opprimés par la bourgeoisie internationale... En levant ainsi sur l'univers entier l'étendard de la révolte des écrasés, le communisme s'est une fois de plus situé dans son combat décisif contre le capitalisme... On ricanait, d'abord, il y a cinq ans, à Tours, quand la IIIe internationale, dénombrant ses forces de début, comptait au nombre de ses adhérents des Chinois, des Hindous, des Persans, des Egyptiens, des nègres. On peut voir, à cette heure, en assistant à la fermentation universelle qui se prépare sous nos yeux, combien Lénine et ses amis avaient vu juste. Frapper les capitalistes anglais, français, hollandais, dans leurs possessions coloniales, c'est les frapper au cœur ; c'est non seulement libérer des peuples qui depuis des siècles sont pillés et torturés par eux, c'est aussi la victoire plus rapide et plus complète des prolétaires dans les métropoles... » L'action internationale du communisme a été préparée par l'action internationale de la Franc-Maçonnerie dout le communisme développe les principes pour le plus grand profit d'Israël, organisateur et animateur de l'un et de l'autre. Ce que *L'Humanité* appelle, en son jargon, la bour-

---

1. 17 août 1925.

geoisie capitaliste, c'est l'élite des nations de la plus haute civilisation, qui, en colonisant le monde, a réussi à y faire régner, avec la justice et la paix, la prospérité. Le rêve de *L'Humanité* est de rejeter tout l'univers dans une barbarie organisée pour permettre à une poignée d'exploiteurs de vivre gorgés de richesses par le labeur d'innombrables esclaves. Le communisme s'efforce, dans ce but, de ressusciter et de liguer contre la civilisation, pour la détruire, toutes les barbaries, en mobilisant à leur service les ouvriers d'Europe.

Il va de soi que, pour mieux séduire ses victimes, *L'Humanité* (1) leur dépeint la Russie soviétisée sous des couleurs paradisiaques : la production industrielle et agricole aurait atteint de 87 à 96 o/o de la valeur d'avant-guerre. Marcel Cachin, qui raconte ces balivernes, ne soufflera jamais mot, ni de la dégringolade du tchernovetz, la nouvelle monnaie moscovite (le communisme devait supprimer toute monnaie !) ni de la réapparition, en diverses régions, du fléau de la famine.

Par contre, la misère serait si grande en France que *L'Humanité* (2) croit devoir publier un croquis représentant une nombreuse famille ouvrière, joues creuses et dégueuillée, qui s'en va tristement à pied au travail pendant qu'une somptueuse limousine file dans la direction de Deauville où, sur la plage, des bourgeois jouent au tennis. Le journal ajoute ce commentaire : « Modification aux Evangiles : Heureux les *Riches*, car le royaume *terrestre* leur appartient ! »

Mais le règne de la justice approche : « De 7.500 à 15.000 adhérents ! En un an, les Jeunesses com-

<hr>

1. 31 août 1925.
2. 17 août 1925.

munistes ont doublé leurs effectifs. Ce résultat a été obtenu parce qu'elles se sont révélées comme la véritable organisation de défense et de lutte de la jeunesse (1). » C'est dans ces proportions que la peste communiste étend ses ravages.

Cholet n'en est pas indemne. Et l'esprit socialiste et révolutionnaire ne se répand pas dans sa population ouvrière sans l'éloigner de la religion.

§ 5. — La religion.

Les écoles primaires chrétiennes de Cholet comptent plus d'élèves que les écoles primaires laïques. Mais les enfants des tisserands vont plutôt à l'école laïque qu'à l'école chrétienne et s'abstiennent tous de fréquenter ensuite les patronages paroissiaux ; quelques-uns s'y sont par exception présentés pour demander à s'inscrire, mais, apprenant que le règlement comporte l'assistance obligatoire à la messe du dimanche, ne sont jamais revenus. C'était affirmer leur volonté d'adolescents, qui avaient quitté l'école pour l'usine, de ne plus aller à l'église pour entendre la messe. Aussi les patronages paroissiaux ne comptent-ils que des employés et des fils de boutiquiers. En l'absence de toute organisation professionnelle et dans un Etat laïcisé, la foi religieuse, lorsqu'elle subsiste, n'est plus qu'une « affaire privée », dépourvue de toute vertu sociale et de toute force publique ; la foi individuelle se refroidit dans un milieu gagné par l'indifférence et la religion dégénère ; le catholicisme s'affaiblit et menace d'entrer en déliquescence dans un pays séculairement soulevé par une foi ardente et riche d'une tradition d'héroïsme religieux sans égale.

1. *L'Humanité*, 31 août 1925.

Cholet est divisé en deux paroisses : Notre-Dame, qui compte environ 13.000 âmes, et Saint-Pierre, qui en compte environ 10.000. Les paroissiens de Notre-Dame sont surtout des commerçants et des bourgeois; ceux de Saint-Pierre, surtout des ouvriers et de petits boutiquiers. Je n'ai étudié l'assistance aux messes qu'à Saint-Pierre et j'ai commencé par une évaluation approximative avant de procéder à un pointage.

L'église de Saint-Pierre m'a paru contenir environ de 1.100 à 1.200 places assises. Quatre messes y sont célébrées : à 6, 8, 10 et 11 h. 30. J'ai évalué le nombre des présents, le jour de l'Assomption, à un chiffre variant entre 230 à 280, dont 45 à 50 hommes, à la première messe ; entre 350 à 400, dont 90 hommes, à la seconde ; entre 720 et 750, dont 120 à 130 hommes, à la grand'messe ; en supposant ce dernier chiffre à la messe de 11 h. 30, nous atteindrions un chiffre global de 2.500 personnes de tout âge, de tout sexe et de toute condition, pour un jour de grande fête, soit le quart des habitants de la paroisse ; sur ce nombre, il y aurait tout au plus 400 hommes. N'oublions pas qu'une grande solennité attire des chrétiens fort tièdes qui ne viennent pas à l'église un dimanche ordinaire et que nous sommes à Cholet, l'un des principaux centres de la Vendée catholique, l'un des foyers de l'ancienne chouannerie vendéenne.

Peut-être objectera-t-on à ces chiffres que beaucoup de Choletais passent ces deux jours de fête (l'Assomption et le jour suivant qui est un dimanche) au bord de la mer ou à la campagne. Le calcul des présents aux messes d'un dimanche ordinaire montrera la valeur de cette objection. D'ailleurs, dès le dimanche du lendemain de l'Assomption, nous entendrons le curé de la paroisse se plaindre, au prône, de ceux de ses paroissiens qui se dispensent de toute assistance à la messe, à Cholet et ailleurs, sous prétexte de voyage, promenade ou partie de pêche.

Peut-être objectera-t-on également qu'au cœur de l'été plusieurs paroissiens sont en villégiature et beaucoup d'enfants dans les colonies de vacances ou chez leurs grands-parents dans les villages. Ces absents n'atteignent sûrement pas un nombre très élevé. Néanmoins, faisons-en la part et portons à son maximum le chiffre des catholiques pratiquants : il reste évident que leur pourcentage par rapport à la population totale ne sera pas tellement modifié que la même conclusion ne s'impose (1).

Cette conclusion est, pour le moins, que cette ville, autrefois unanimement et ardemment catholique, compte une minorité d'apostats et plus de la moitié de ses habitants tombée dans la tiédeur ou même l'indifférence religieuse. La population rurale est demeurée excellente. Mais la population ouvrière, si elle accepte encore le baptême, la première communion, le mariage et l'enterrement à l'église, s'abstient, en général, de toute autre pratique. Un enterrement civil est une scandaleuse exception. Ces constatations peuvent être faites dans toutes les périodes de décadence de la foi : au cours de la transition de la croyance à l'incrédulité, la religion devient une simple habitude ; elle se réduit à un formalisme, lui-même rétréci à trois ou quatre événements de la vie d'un homme ; chez les pratiquants, la religion cesse d'avoir une valeur sociale pour devenir pure affaire privée ; chez les autres, l'offen-

1 Les absences d'été sont plus nombreuses à Paris. A Sainte-Marguerite, où j'ai compté moins de 3.500 fidèles présents aux messes dominicales, tout à la fin de septembre, on ne peut évaluer leur nombre, l'hiver, à plus de 4.500, et non 5.000 ou 5.500 comme il a été imprimé par erreur dans Le Faubourg, p. 190.

sive publique contre l'Eglise est devenue un principe d'action ; ils passent leur vie à la combattre.

Le dimanche 16 août, l'assistance aux différentes
messes me paraît sensiblement moins nombreuse
que la veille. Il me semble qu'il y a moitié moins
de fidèles à la messe de 6 heures ; un quart en
moins, à celle de 7 heures ; un peu moins à la grand'
messe ; à la dernière messe, il me semble qu'il y a
autant de fidèles qu'à la grand'messe ; j'en compte
près de 600, dont 130 à 150 hommes et jeunes gens.
Le total s'élèverait très approximativement à
1.700 personnes au maximum.

A chacune des messes, le curé monte en chaire
pour rappeler aux fidèles le caractère strictement
obligatoire, sous peine de péché mortel, de l'assistance à la messe dominicale. L'accomplissement de
ce devoir permet, dit-il, de juger si une paroisse est
bonne ou mauvaise. Il n'ignore pas, ajoute-t-il, que
l'église est moins fréquentée pendant l'été que pendant le reste de l'année ; mais il se plaint précisé-
ment de la facilité avec laquelle les gens manquent
la messe sous le prétexte d'un voyage ou d'une partie
de pêche ; il est légitime de se reposer et de se dis-
traire, mais non pas de n'aller à la messe ni ici ni
ailleurs parce qu'on est en excursion dans une autre
ville ou à la campagne ou à la mer, ou parce qu'on
va en famille passer la journée au bord de l'eau,
pêcher et déjeuner sur l'herbe. Un tel prône prouve
l'étendue croissante du mal. Des catholiques choletais n'assistent à la messe que lorsque leurs plaisirs
n'en souffrent pas : ils ont une religion saisonnière,
une religion d'hiver ; pour eux, la pratique religieuse
peut être subordonnée aux jours pluvieux et froids.
Dans la mesure où les déplacements et distractions
d'été sont une cause d'abandon de cette pratique
obligatoire en toute saison, les chiffres d'été d'as-

sistance aux messes dominicales ont donc, quant
à la mesure de l'étendue du sentiment religieux,
une valeur probante supérieure à celle des chiffres
d'hiver. Toutefois, il reste acquis que ceux-ci,
englobant les enfants des écoles et les adultes qui
continuent d'observer leurs devoirs religieux dans
leurs séjours des vacances, conservent une valeur
documentaire certaine qu'il ne faut pas négliger. Le
chiffre d'été donne le nombre des catholiques éprou-
vés, mais il est trop bas parce que plusieurs, parmi
les absents, assistent à la messe dans la localité
où ils se trouvent. Mais le chiffre d'hiver tendrait à
faire naître des illusions ; il est trop élevé parce qu'il
comprend des personnes qui, l'été, ne se feront aucun scrupule de manquer la messe sous un prétexte
futile de voyage ou de partie de plaisir. Il faudrait
peut-être prendre la moyenne entre les deux chiffres.
Au surplus, qu'il y ait entre les divers totaux obtenus
une différence de 10 à 20 o/o, la conclusion pratique
qui s'en dégage demeure sensiblement la même. Il
n'en est pas moins désirable d'apporter à la connaissance de la réalité la plus grande rigueur possible.
Nous avons vu que, pour le dimanche du lendemain
de l'Assomption, le total approximatif mais vraisem-
blable s'élève à environ 1.700 personnes, ce qui
permet de supposer comme probable, pour un dimanche ordinaire d'hiver, un maximum voisin de
2.500 personnes. J'ai procédé, le dimanche suivant,
à une supputation plus exacte du nombre des fidèles:
j'ai compté les entrants. En voici le résultat :

Messe de 6 heures. — A la fin de l'évangile, il y a
136 assistants. Pendant le sermon, il arrive 8 personnes. Total : 144 fidèles, dont 32 hommes.

Messe de 8 heures. — Au début de la messe, il
y a 295 personnes. Jusqu'au début du *Credo*, il en
arrive 146. Total : 441, dont 90 hommes.

Grand'messe, à 10 heures. — A l'*Asperges*, je compte 252 personnes. Jusqu'à l'*Introïbo*, il en arrive 366. Jusqu'à l'évangile, 84. Jusqu'au *Credo*, 2. Total: 704, dont une centaine d'hommes.

Messe de 11 h. 1/2. — Au début de la messe, il y a 477 personnes. Jusqu'au *Credo*, il en arrive 158. Pendant l'offertoire, 15. Total : 650, dont 140 hommes.

C'est un dimanche pluvieux, qui fait suite à plusieurs jours où le vent d'ouest a amené nuages et pluie. Dès le lever du jour, ce dimanche-là, le ciel est gris et bas et il tombe une petite pluie abondante, qui persiste pendant toute la matinée. Les parties de pêche ou de campagne sont donc rendues impossibles. Cependant, je ne compte, aux quatre messes, que 1.939 personnes : hommes, femmes, religieuses (une trentaine, qui ont assisté à deux messes et que j'ai comptées deux fois), jeunes gens, jeunes filles, enfants. Le nombre des hommes s'élève à 362. En chiffres ronds, les différentes messes ont réuni 1.940 fidèles, dont moins de 400 hommes, sur une population de 10.000 âmes.

L'hiver, il y aurait, en plus, les adultes en villégiature d'été (peu nombreux dans cette paroisse en grande majorité peuplée d'ouvriers et, pour le surplus, de petits boutiquiers; les riches familles y sont rares) et les enfants confiés à des parents habitants la campagne. En les ajoutant au chiffre précédent, on atteindrait peut-être 2.500, le quart de la population de la paroisse.

D'autre part, l'église regorge de chaises et de bancs, qui ne laissent pas d'espace libre, si ce n'est pour la circulation du public à travers les nefs et transept. J'ai compté le nombre des places assises : 1.277. Si donc l'église avait été absolument pleine à chacune des quatre messes, 5.108 personnes auraient assisté à l'office dominical. C'est dire que la moitié seulement des paroissiens peut matériellement accomplir son devoir. Si toute la population pratiquait sa religion,la paroisse devrait être dédoublée.

L'influence moralisatrice de la religion et du clergé ne laisse pas cependant que de s'exercer encore d'une manière appréciable. Ne se fait-elle pas sentir sur la mode ! Bien qu'il y ait encore trop de cheveux coupés qui donnent aux jeunes filles des physionomies et des allures de garçons, trop de costumes féminins si raccourcis par en haut et par en bas qu'on devine leurs propriétaires peu éloignées de céder à un bolchevisme intégral de la mode et des usages en laissant choir cette sorte de ceinture encore un peu élargie à laquelle leur robe se réduit, néanmoins la grande majorité des Choletaises de toute situation sociale demeure réfractaire à ces déshabillages fâcheux; à tout le moins comprennent-elles qu'il y a toujours intérêt à laisser croire plutôt qu'à laisser voir. Bien mieux : l'ordre de l'évêque d'Angers, affiché dans les églises, de refuser l'accès de l'église et à plus forte raison la communion aux femmes et jeunes filles décolletées, ou dont les bras sont dénudés au-dessus du coude, est si bien respecté que, le dimanche, on ne voit à la messe que corsages simplement échancrés et manches couvrant le coude ou gants montant jusqu'au haut des bras : ce qui satisfait tout à la fois la décence et l'élégance, le bon ton et le bon goût.

Mais la dure leçon des chiffres conserve sa sévère valeur d'enseignement : la majorité des habitants de Cholet a glissé d'un catholicisme zélé et irréductible, ardent et combatif, à un catholicisme fatigué et passif, résigné et mou. Leur foi est tombée de l'état fort à l'état faible : elle a gardé en partie son efficacité individuelle et familiale; elle a perdu son efficacité publique et sociale; elle a cessé d'être affaire d'Etat pour n'être plus, suivant la formule libérale, que simple affaire privée, question de convenance, accessoire caché. Et néanmoins, quelque fléchissement qu'ait subi le niveau religieux à Cholet, on pourrait souhaiter qu'il fût encore celui de toute la France, qui est tombé si bas !

La genèse générale de l'irréligion dans notre pays est mise en pleine lumière par l'examen du cas particulier de Cholet : la vie citadine, là comme partout ailleurs, constitue avec sa population renouvelée et ses étrangers de passage, un foyer toujours actif d'idées et de passions, dont la fermentation est plus vive à l'auberge, où se rencontrent, soustraits aux disciplines de la famille et placés un peu en marge de la population sédentaire et classée, des pensionnaires et des hôtes temporaires ; l'école laïque, la presse démagogique de toute nuance, l'influence des fonctionnaires, la pression administrative préparent et renforcent l'action de l'usine ; l'agglomération d'ouvriers, l'atelier, le salariat facilitent la diffusion et l'exagération des sentiments anti-religieux et antisociaux, parce que l'ouvrier ne trouve pas dans la société libérale la place et la sécurité auxquelles il aspire justement ; de là, les sources d'un mécontentement facile à exploiter dans le régime électoral, parlementaire et républicain, où l'industrie politicienne se tient à l'affût des moindres griefs pour les cultiver, les développer, les grossir, en tirer parti et profit. Toutes ces causes, surtout les dernières, agissent pour déchristianiser, d'où résulte une démoralisation qui accélère encore la déchristianisation. Contre ces conséquences, le dévouement des prêtres, moines, religieuses, laïcs zélés, reste impuissant tant qu'il ne s'attaque pas directement, énergiquement et sans arrêt, à leurs causes elles-mêmes.

CHAPITRE II

LE MANS

On compte, au Mans, environ 4.000 ouvriers du chemin de fer et plus de 2.000 ouvriers travaillant dans de grandes usines : métallurgie, fonderie, filature. Si l'on y ajoute les nombreux garages et ateliers divers employant de 20 à 3o hommes, le bâtiment et les artisans, on arrive à un total d'environ 10.000 travailleurs manuels. La classe des salariés comprend, en outre, un grand nombre d'employés de banque et de compagnies· d'assurances et les employés de commerce. Le Mans — 8o.000 habitants — qui était, jusqu'au début de ce siècle, une cité commerçante et un important marché rural, est devenu, depuis une vingtaine d'années, une ville ouvrière.

Aussi la municipalité radicale qu'avait élue, sous la lente mais constante pression préfectorale, une petite bourgeoisie aveugle ou sotte, vient·elle de faire place à une municipalité socialiste, qui, modé· rée par calcul, affecte jusqu'ici de bien gérer, bourgeoisement, ses finances, accoutumant ainsi la population à ne pas s'effrayer de doctrines cependant appelées, si elles triomphent, à la ruiner et l'asservir, et tout le pays avec elle. Le nouvel esprit ne s'accuse guère encore que par le changement de nom des rues, qui empruntent leurs dénominations nouvelles au calendrier socialiste : avenue Emile-Zola le long de la voie ferrée, quai Louis-Blanc en bordure de la Sarthe, avenue Jean-Jaurès pour le long faubourg qui conduit à Pontlieue ; et les bonnes gens d'électeurs se croient volontiers très malins de n'apercevoir dans ces modifications d'étiquettes que la satisfaction d'une innocente et déjà vieillote manie.

Mais il n'est pire ennemi que l'ennemi patelin, chatte-mite, chat-fourré ronronnant, gros dos et griffes rentrées. Sa future victime, ne le croyant pas dangereux, s'endort en paix. Comme à Tours, mais après Tours — car la dévastation religieuse et la déchéance politique vont de l'est à l'ouest, de Paris vers l'Océan, par étapes — le glissement au paganisme et au communisme se poursuit sans arrêt.

§ 1. — Une usine de métallurgie.

L'atelier des machines-outils compte une cinquantaine d'ouvriers : forgerons, tourneurs, perceurs, scieurs, coupeurs, mouleurs, manœuvres. Je suis affecté au service d'une machine à percer. Le hall est toujours empli par un bruit d'orage, un perpétuel grondement au timbre métallique d'où s'élève, à de certains moments, le crépitement des coups de marteau. Payés aux pièces, plusieurs ouvriers sont fort habiles à en débiter un grand nombre ; mais, comme ils craignent qu'en déployant toute leur adresse, ils n'amènent le patron à baisser le prix qu'ils reçoivent, ils évitent de trop produire : « Il ne faut pas faire l'imbécile », expliquent ils. En attendant que ma machine, depuis longtemps inutilisée, ait été réparée et mise au point, je la nettoie, je la gratte, je balaie le dallage tout alentour : « Bah ! remarque un voisin, puisque vous êtes payé à l'heure, *faire ça ou tourner la meule !...* » (1) On me remet un *mandrin* (2) de type nouveau, américain : une demi-douzaine d'ouvriers, mus par la curiosité professionnelle, viennent en examiner le mécanisme. Un copeau d'acier me coupe légèrement le doigt qui, sale d'huile, de limaille et de graisse, saigne en abondance : pour éviter tout risque d'infection, je vais à l'infirmerie me faire panser : dans le courant de la journée, plusieurs de mes nouveaux camarades s'approchent de ma machine et me demandent ce que j'ai attrapé au doigt, si la blessure est grave ; ainsi se manifestent spontanément la sympathie et la solidarité entre ouvriers en face du danger qui, à tout instant, menace chacun d'eux.

Plus d'un parmi mes compagnons a conservé, de ses origines rurales, l'accent campagnard, roule les *r*, parle de son village et même y garde quelque bien. Deux perceurs croient reconnaître en moi un habitant de Sillé-le-Guillaume et mes dénégations ne parviennent pas à les convaincre de leur méprise ; ils se prennent mutuellement à témoin de ma ressemblance avec leur concitoyen et restent persuadés que je ne veux pas renouer de relations avec eux. Un jeune perceur — vingt-quatre ans — me fait un jour cette confidence : « Dans une usine, on ne sait jamais à qui on a affaire. Aussi je ne dis rien qu'aux camarades que je connais. » On reconnaît là toute la prudence traditionnelle de l'homme

---

1. C'est le pendant de l'expression : « Faire ça ou peigner la girafe. » V. *Le Faubourg*, p. 65.

2. Pièce en forme de *manchon*, et qui porte d'ailleurs également ce nom, fixée à l'extrémité de l'axe de la perceuse et destinée à recevoir le *foret*.

des champs. Un de mes voisins de travail me prévient que je ne le verrai pas le lendemain à l'atelier : « Je ne viendrai pas demain, mais je gagnerai ma pièce de dix ou douze mille francs. Pas moi, mon père. Mais ça revient au même. Je vends une de ses maisons avec bénéfice. — Et vous achèterez des valeurs ? — Du papier ? de la Rente ou des Bons ? Ah ! mais non ! Aujourd'hui, on ne sait pas ce que ça peut devenir... Je lui achète tout de suite une autre maison ! » Le surlendemain, qui est un samedi, il est de retour à son poste : « Demain, me dit-il, j'irai faire l'ouverture de la chasse. » Cet homme de trente-cinq ans a tout à fait le type rural manceau : brun, une large figure fortement colorée, l'œil vif et intelligent, un ventre confortable, l'air placide et satisfait de quelqu'un qui prend la vie par son bon côté et n'a, d'ailleurs, pas à s'en plaindre ; souple, fin, adroit à surprendre l'occasion favorable, il attend d'être chargé de remettre en marche une raboteuse dont il connaît à fond le maniement pour demander à l'ingénieur de toucher un boni plus élevé sur les pièces qu'il y traitera et, plutôt que de le laisser partir, l'ingénieur, après avoir promptement réfléchi, lui accorde l'augmentation sollicitée. Plusieurs ouvriers présentent cette même physionomie des ruraux du Maine depuis peu transplantés en ville et dans l'usine, ayant conservé le regard vif et aigu de l'observateur, sachant se taire, garder leurs pensées, se renfermer dans leur personnalité prudente et complexe ; ils sont d'un abord poli, aimable même, tout en surface, qui enveloppe le petit monde de leurs impressions, désirs, calculs et résolutions et le défend contre d'indiscrets regards. Je fais route jusqu'à l'usine, un jour, avec le vendeur et acheteur d'immeubles : « Il y a trop d'ouvriers étrangers en France ! me dit-il. — Il le faut bien pour remplacer les deux millions de Français tués à la guerre et les invalides. — Mais c'est la cause de la vie chère ! réplique-t-il vivement... » Cette conviction est le fruit de la prédication des socialistes qui affirment que de la réduction du nombre des travailleurs résultera l'élévation de leurs salaires et propagent dans ce but les pratiques néo-malthusiennes. Mais la raréfaction des bras ne produit la hausse des salaires que dans les sociétés soumises au régime du libéralisme économique, qui favorise ainsi, indirectement, la dépopulation. Au contraire, dans une société constituée corporativement, le Métier prenant er. charge ses collaborateurs et leur assurant les moyer ; d'existence, il devient inutile, pour obtenir d s salaires élevés, de chercher à provoquer artifici l-lement la baisse de la natalité ; les forts sala es découlent tout naturellement de la prospérit, de l'industrie et cette prospérité trouve une de ses principales causes dans une organisation qui supprime les facteurs de crises internes tout en fournissant de puissant moyens d'action. Pendant que ces réflexions se succèdent rapidement dans mon esprit, mon interlocuteur poursuit : «... Ces étrangers travaillent pour rien. Ils vivent avec deux francs par jour... — Allons donc ! c'est le prix de la chambre ! — Ah ! tenez ! insiste-t-il, un Espagnol s'y reprend à trois fois pour manger un hareng ! On se passerait bien d'eux, et des Italiens, des Polonais, des Belges, des Bicots ! Ils travaillent tous au rabais... » (Cette assertion est absolument fausse). « Si nous n'avions pas les étrangers, dis-je, nous produirions moins, dans les villes comme dans les campagnes, et tout, vivres comme produits manufacturés, serait plus cher ! — Mais non ! Dans les campagnes, est-ce qu'il n'y a pas les ma-

chines!... » Il faut des hommes.pour les servir, des
capitaux pour les acheter ; et tous les travaux agricoles ne peuvent se faire mécaniquement pas plus
que tous les terrains ne se prêtent au machinisme.
Mais je n'ai pu le faire changer d'avis. Ce rural
mâtiné d'ouvrier s'accroche obstínément aux idées
fausses qui circulent dans les usines et les faubourgs — dans bien d'autres milieux aussi, universitaires ou bourgeois — sous l'influence de la presse
de gauche, des déclamations de réunions publiques
et des stupides discours parlementaires. C'est cependant un homme jeune, intelligent, un très bon
ouvrier, et qui a du bien au soleil. Il est marié, sans
enfant.

L'ouvrier est simpliste. (Combien de bourgeois,
rentiers ou commerçants, lui ressemblent sur ce
point et sur quelques autres!) Il ne perçoit et ne
retient que le fait qui l'intéresse le plus immédiatement, le salaire. Il ramène toutes les difficultés de
son existence à une question de salaire et s'imagine
qu'il suffit, pour les résoudre, d'accroître sa paye.
C'est cette erreur qu'exploitent les révolutionnaires,
légalistes de la C. G. T. ou « purs » du Communisme.
Les ouvriers ne réfléchissent pas un seul instant à
l'influence de la hausse des salaires sur la hausse
du prix des objets nécessaires à l'existence. Les
révolutionnaires voient très bien cette conséquence
et s'efforcent de la produire pour hâter l'effondrement de la société. La vraie solution du problème
de la vie ouvrière ne consiste pas tant à hausser les
salaires qu'à organiser professionnellement tous
ceux qui vivent de la profession, patrons et salariés.
La solution ne doit être cherchée, ni dans la Révolution, dont les ouvriers seraient les premières victimes et les victimes définitives, ni dans l'apparition
du « bon patron », cas individuel et isolé, mais dans

les bonnes institutions qui dominent les caprices des individus et contraignent les intéressés à agir conformément à leurs intérêts à tous. L'utilisation rationnelle des salaires, la forte organisation des producteurs, l'excellence de la politique nationale commandée par des institutions qui inclinent les gouvernants à servir l'intérêt public et non leurs intérêts privés, voilà les solutions positives de la question ouvrière et de beaucoup d'autres problèmes qui ne se posent que parce que nous vivons, vaille que vaille, dans le désordre institué par le bolchevisme jacobin de 1789-93.

Mais si le taux du salaire ne suffit pas, à lui seul, à résoudre les difficultés que l'ouvrier rencontre, encore faut-il, tout d'abord, qu'il soit calculé de façon à satisfaire à tous ses besoins. Un manœuvre entre à l'atelier en même temps que moi ; il travaillait depuis vingt ans dans la même maison : « Le patron a augmenté tout le personnel, mais ne m'a accordé qu'un supplément dérisoire ; je suis parti. » Cet homme paraît âgé d'environ 55 ans. Les ouvriers qui travaillent aux pièces, aux machines-outils, se préoccupent sans cesse de « faire du boni ». Cette perspective accroît leur zèle. Il faut donc, toutes les fois qu'on le peut, transformer le salarié en une sorte de petit entrepreneur intéressé à la besogne qui lui est dévolue, ce travail à la tâche étant calculé de façon à accroître la rémunération de l'ouvrier et non à le condamner pour le seul profit du patron à un effort épuisant. Dans le régime économique libéral, la fréquence de ce dernier abus a permis aux socialistes de déconsidérer le travail avec prime et d'en tirer un thème de prédication en faveur de leurs solutions ruineuses et oppressives. Mais, grâce au recours à la chronométrie du travail moyen d'un ouvrier moyen,

consciencieusement appliquée, on est arrivé à
déterminer le juste prix du travail à la tâche ou du
travail à la prime. L'ouvrier français est généralement laborieux. Un jour que l'activité de l'atelier se ralentit, des camarades me disent qu'ils
n'aiment pas rester à ne rien faire ou à ne pas faire
grand'chose. Un jeune homme d'environ 18 ans,
de physionomie fort intelligente, travaille à une
machine-outil voisine de ma perceuse : « Il est
cinq heures, lui dis-je. — Déjà ! » s'écrie-t-il, surpris.
C'est l'exclamation du bon travailleur qui aime sa
tâche, s'y donne tout entier et demeure tout étonné
de la rapidité avec laquelle le temps s'enfuit ; je l'ai
entendue plus d'une fois, quelque fréquente que soit
aussi l'impatience d'entendre sonner l'heure de la
sortie pour échapper à une discipline contraignante
ou bien à un travail monotone auquel on n'est pas
personnellement et directement intéressé.

Il est inexact de croire que l'ouvrier tient par-
dessus tout à ne travailler qu'un petit nombre
d'heures par jour. Il n'a aucun intérêt à descendre
au-dessous de huit heures, sous peine de ne savoir
comment employer son temps et d'être tenté d'utiliser pour d'autres travaux manuels ses loisirs.
Encore supposons-nous ici qu'il ne se préoccupe pas
du rapport nécessaire entre le taux du salaire dont
il vit et la productivité de son travail dont la durée
est un élément essentiel. Mais il lui arrive de
souhaiter une journée de plus de huit heures parce
que le rapport entre le salaire et le nombre d'heures
ne lui échappe pas et que la nécessité d'accroître
son gain lui inspire le désir d'augmenter la durée
de son travail. Ainsi, la direction de l'usine nous
avisant que la durée du travail sera réduite de
neuf heures (sans semaine anglaise) à huit heures
(sans semaine anglaise), soit quarante-huit heures

)ar semaine, la plupart des ouvriers apprennent cette décision avec regret : « Nous toucherons 40 sous de moins », disent-ils. En effet, les manœuvres gagnent 1 fr. 85 par heure, soit, pour neuf heures, 16 fr. 65 ; pour huit heures, ils ne recevront plus que 14 fr. 80, soit 88 fr. 80 par semaine, ce qui fait, par jour, 12 fr. 54 ; or, ma pension me coûte 9 francs et ma chambre 1 fr. 65, soit 10 fr. 65 de dépense quotidienne ; il me reste 1 fr. 90 d'excédent par jour, soit, pour trois cent soixante-cinq jours, 693 fr. 50, qui devront suffire à l'achat et l'entretien de linge, chaussures, vêtements, au blanchissage et aux menues dépenses indispensables. Les métallurgistes de métier gagnent de 22 à 27 francs. Une caisse de sursalaire familial a été créée depuis la guerre et est en voie de développement ; un grand nombre de patrons en font partie. Mais le taux du salaire, quel que soit son chiffre idéal et désirable, reste, nécessairement, toujours subordonné au rendement de l'entreprise : les frais généraux, la quantité et la qualité des commandes, l'état du marché tiennent sous leur dépendance les salaires comme les profits ; et notre industrie métallurgique est loin d'être actuellement florissante. La pauvreté de l'habillement de mes camarades accuse la modestie de leurs ressources et la prudence avec laquelle ils les gèrent : sauf quelques rares exceptions, ils sont fort mal vêtus ; ils viennent à l'usine avec de vieux vêtements très usagés, pantalons de velours ou de coutil ou de toile bleue, gilets noirs à manches ou vestons fripés et sales, espadrilles, pantoufles ou fortes chaussures, chemises grossières, de couleur, sans faux-col, casquettes de drap ou à visière de carton verni ; un grand nombre, habitant à quinze ou trente minutes de distance, usent de la bicyclette pour se rendre au travail et rentrer au logis. La réduction de la journée de neuf à huit heures, bien que très généralement regrettée, a cependant été l'objet d'au moins une approbation. Tandis qu'un perceur, d'une quarantaine d'années soupire : « Une heure de plus par jour, ça ne faisait pas de mal, c'était une pièce de 5o francs de plus à la fin du mois », un autre dit : « Bah ! huit heures, c'est bien assez ! » L'un considère surtout son gain, l'autre sa peine ; l'un tient à l'argent, l'autre aux loisirs.

La diminution des heures de travail s'est accompagnée d'une diminution du personnel : une dizaine d'hommes de mon atelier sont congédiés. Quelques ouvriers expliquent cette mesure par l'absence de commandes et accusent le patron de manquer d'habileté pour en obtenir. Qu'en savent-ils ? D'autres prétendent gravement que la vie chère est la conséquence des trop grands bénéfices réalisés par les patrons. C'est l'absurde et puérile explication par le « mercanti ». La cervelle farcie de ces légendes mises en circulation par les journaux populaires que soudoient, rédigent et répandent les Gauches, nul ne voit que les crises dont nous souffrons sont le fait de l'Etat démocratique, du gouvernement déprédateur, qui, après n'avoir su ni prévoir, préparer, conduire la guerre, ni tirer parti de la victoire, a, par l'inflation et les vols fiscaux, détruit la monnaie, la confiance, les fortunes, et troublé, avant de l'arrêter, l'activité économique.

Le brusque renvoi d'un certain nombre d'ouvriers nous permet de surprendre, dans son fonctionnement, le mécanisme du système économique libéral. Le patron se sépare de ses salariés comme ceux ci se seraient séparés de lui : une usine est un lieu de passage ; leur réunion dans une même entreprise, une simple rencontre ; la poursuite d'un but commun, un accident. On ne se connaissait pas ; on ne se connaît plus. Chacun se débrouille de son côté, comme il peut : le patron avait sa fortune, son entreprise ; il les garde et il attend la reprise des affaires, inquiet d'ailleurs si elle tarde, car les frais généraux courent toujours et ses capitaux fondent ; l'ouvrier avait son travail ; il ne l'a plus et il ne peut attendre, il faut qu'il en trouve s'il veut manger ; le chômage détruit promptement ses maigres économies, s'il a pu en faire. Le régime individualiste libéral est donc détestable pour l'ouvrier, qui est condamné au nomadisme, au vagabondage d'usine en usine, de ville en ville, de métier en métier, voué par conséquent au désordre dont i˙ devient un agent après en avoir été une victime. Et ce régime n'est pas moins détestable pour le patron, soumis à tous les aléas d'une concurrence souvent déloyale, à tous les à-coups d'une production dépourvue de régulateur, à tous les risques d'une activité à qui la garantie de l'assistance mutuelle, de l'entr'aide professionnelle, fait défaut. A cette situation doublement fâcheuse, il n'y a pas d'autre remède que le régime corporatif. Le métier organisé règle la production dans la mesure où la prévision humaine le permet et transforme en collaborateurs des patrons que divisait et déchirait une concurrence sans limite. Le métier organisé solidarise ouvriers et patrons, transforme l'ouvrier en citoyen de la Cité professionnelle, en membre de la famille des producteurs ; il le prend en charge, le préserve des aléas de la vie, assure en cas de crise sa subsistance et celle de tous les siens, lui garantit un abri, du travail, du pain ; en l'acceptant comme apprenti, il contracte envers lui une obligation d'assistance permanente. Le métier organisé constitue, en définitive, une vaste mutualité qui procure à tous ses membres les moyens de vivre honorablement.

Au contraire, l'individualisme isolateur fait de chacun un ennemi pour chacun, préparant et facilitant le succès de la prédication des socialistes qui ne tardent pas à allumer dans les cœurs la haine et à rassembler autour de leur erreur l'énergie collective de la classe salariée. Dans les menues réflexions des hommes qui m'entourent, cueillies au hasard, je retrouve le mauvais esprit que l'ennemi leur souffle. Un manœuvre sur machine me dit, à propos de l'ingénieur qui dirige l'atelier : « Les ingénieurs n'en savent pas plus que les autres ; mais ils sont dans la manche... » (du patron ; c'est-à-dire ils doivent leur place à la faveur, non à leur valeur). Et un autre : « Pff ! il sort des Arts et Métiers, c'est tout ! » Et ce méprisant censeur sort de l'école primaire ! Sous l'influence de la prédication révolutionnaire, plus d'un ne doute pas de sa capacité de conduire l'entreprise. Leur ignorance réelle leur échappe. Leur mépris de la culture bourgeoise ajoute à leur illusion : ces socialistes sont des primaires vaniteux qui s'imaginent n'avoir rien à apprendre. On essaie à ma machine un nouveau montage imaginé par l'ingénieur chef de l'atelier. Mes voisins le regardent d'un air narquois : ils condamnent l'appareil avant même qu'il soit essayé. L'ingénieur avoue, à l'essai, que ce système permet une moindre rapidité de débit. Un de mes voisins, qui ne l'a pas entendu formuler cette conclusion, me dit : « Ces gens-là ne reconnaîtront jamais qu'ils ont tort. » Ces propos montrent chez l'ouvrier socialiste le dédain et la haine de l'intelligence et de la science, comme de toute autre supériorité : la République n'a jamais eu besoin de savants ; la Démocratie, que ses thuriféraires nous représentent comme impliquant l'épanouissement de toutes les plus hautes facultés humaines, de la science et de l'art, ne veut pas d'artistes ni de savants non plus que de riches, mais l'égalité dans l'ignorance et la laideur, la saleté et la misère ; tout ce qui dépasse le plus bas niveau de l'espèce est envié, maudit, combattu, persécuté, anéanti. Plusieurs ouvriers se plaignent que le matériel soit vieux et en mauvais état. « S'il fallait renouveler ces machines, dis-je, il en faudrait de l'argent ! Dispose-t-on des capitaux nécessaires ? » Alors, ils se taisent et réfléchissent : ils n'avaient pas songé à cela. Et ils conviennent de la difficulté. Néanmoins, à ma remarque : « Combien d'argent ne faudrait-il pas ! Surtout pour acheter des machines américaines au cours du dollar ! » un homme, de 28 à 30 ans, me répond : « Ah ! c'est toujours l'ouvrier qui en supporte les conséquences ! C'est toujours nous qui souffrons ! » Le patron, les actionnaires, les consommateurs ne souffrent-ils jamais des difficultés que rencontre l'entreprise, des crises qu'elle traverse, du recours au crédit, aux banques, de la concurrence nationale et internationale, de l'état du marché, des conséquences de l'accroissement du coût de production ? Des suites de la guerre, ce sont les classes moyennes qui ont profondément et très injustement souffert, mais non pas, jusqu'ici du moins, les ouvriers, ni les paysans, encore moins les requins de la finance et de la politique. Et que de ruines eussent été évitées sans la mauvaise politique d'un mauvais gouvernement, produits inévitables d'institutions mauvaises ! La République n'est pas fondée sur la vertu, comme le croyaient quelques-uns, mais sur le vice.

Un esprit de fronde et d'indiscipline semble souffler sur la plupart des hommes de l'atelier.

L'un d'eux, devant le guichet de « l'outillage »,
répète à qui veut l'entendre : « L'équipe du matin
partait; je disais au revoir aux copains. L'ingénieur
m'ordonne de retourner à ma place et de travailler.
Je lui ai répondu : Vous ne m'empêcherez pas de
dire au revoir aux copains ! Ah ! oui ! et puis, je le
lui ai dit ! » Ceux qui l'écoutent restent dans l'admiration de tant de crânerie devant l'ennemi. A
côté de moi, l'ingénieur pose une question banale,
sur le ton de la conversation, à un jeune perceur,
de 18 à 20 ans : celui-ci lui lance aussitôt un regard
mauvais et, manifestement hostile, les lèvres
serrées, répond, à la muette, par un signe de tête
maussade. Un élève des Arts et Métiers fait un
stage dans l'atelier ; par coquetterie, il travaille
avec des gants ; deux manœuvres spécialisés sur
machine, lorsqu'il passe près d'eux, s'arrêtent et,
mâchoires contractées, fixent sur lui des yeux
chargés de haine. Un après-midi, rentrant à l'atelier,
j'entends un homme fredonner en gagnant sa
machine . « Chantons la Carmagnole ! vive le son
du canon !... » Quelques ouvriers lisent *L'Humanité* ; mais ils la cachent avec soin dans leur poche;
c'est après être sorti dans la rue qu'un lecteur de ce
journal le déploie sous les yeux d'un camarade
dont il est sûr ; d'après une dépêche, l'offensive des
Espagnols contre les Rifains aurait tourné en
désastre et nos troupes de Syrie auraient été mises
en déroute ; comme son journal, ce communiste ne
se tient pas de joie ! Ces nouvelles sont d'ailleurs
fausses. Mais elles servent à exalter les honteuses
espérances des affiliés au parti : « Assez de bou-
cheries coloniales ! Au Maroc, la grande offensive
débute par un désastre. En Syrie, l'appel à la guerre
est lancé. Ouvriers socialistes, le moment n'est
plus aux condamnations de principe, mais à l'ac-

tion (1). » Au milieu des graves événements qui s'accomplissent ou se préparent, *Le Quotidien* ne s'interrompt de verser à ses lecteurs la potion d'opium de son pacifisme et de sa Société des Nations (2) que pour les amuser de questions oiseuses et niaises : « Le tabac est-il un poison de l'intelligence ? » Cet article (3), en première colonne de la première page, faisait suite à un précédent article où la même question était posée à propos du thé et du café. Lorsque nous sortons, à midi, un marchand de journaux se tient à la porte de l'usine : il n'a pour clients que les lecteurs du *Matin*, du *Journal* ou d'une feuille sportive. Prudemment, les militants se gardent de faire connaître leurs opinions révolutionnaires par l'achat du *Quotidien* ou de *L'Humanité*. Le soir, à la sortie, un marchand vend le journal local, *La Sarthe*, feuille incolore qui se borne à publier des dépêches et des informations : quelques ouvriers l'achètent.

Mêlés aux révolutionnaires, un certain nombre de modérés forment dans le personnel une sorte de tissu de remplissage, sans valeur propre. Ils suivent à distance l'aile marchante, s'abandonnent avec plus ou moins de retard au courant de l'opinion, ou, indifférents aux événements qui les emportent, se plaisent à échanger des propos joyeux. Entre, un matin, un meuleur, petit et corpulent : « Salut ! eh ! gros crapaud ! » lui crie un camarade, très maigre, à qui l'interpellé réplique : « Salut ! eh ! tripes sèches ! » Pendant que nous nous habillons, j'entends parfois quelques plaisanteries sur les maris malheureux, mais non les obscénités si fréquentes

1. *L'Humanité*, 9 septembre 1925.
2. Voir l'article du 8 septembre 1925.
3. 9 septembre.

dans les ateliers de Paris et de sa banlieue ; les conversations du vestiaire sont moins mauvaises qu'à Tours ; le juron est rare. Généralement, les ouvriers jugent avec sévérité le fonctionnement de l'atelier ; ils se montrent exigeants sur le bon agencement de tous ses rouages ; leurs faciles critiques tiennent certainement, pour partie, à leur ignorance des difficultés et conditions de la distribution du travail et de la circulation des pièces de métal, mais aussi, pour partie, à ce qu'ils estiment que leur fonction n'est pas bien remplie s'ils ne sont constamment et rapidement fournis en tâches nouvelles. Jamais ils n'expriment le désir d'exercer le commandement ou ne s'amusent à dire : « Si c'était moi le maître, je ferais ceci, cela... » ; mais ils considèrent que tous les éléments de l'atelier doivent être sans cesse actifs; ils tiennent pour nécessaire que tout, l'ensemble et les détails, marche toujours à la perfection, ce qui suppose la compétence et l'autorité, tout le contraire de ce qu'exige et produit le régime démocratique. Ces constatations montrent l'importance capitale de l'organisation et de la direction dans la vie de l'usine, donc l'importance vitale du commandement, du chef. Une entreprise devient déficitaire dès que la valeur du chef ou l'indépendance du commandement diminue. Les bénéfices sont dus au travail très délicat d'agencement de tous les rouages si divers et si complexes de l'entreprise. Si cette besogne de synthèse n'est pas faite ou l'est mal, les efforts des ouvriers deviennent moins efficaces ou même stériles ; leur productivité dépend de la tête qui les commande et les conduit ; de là, la légitimité de la large part du chef dans le bénéfice net, s'il y en a un, car il est surtout son œuvre. Et ce profit fournit l'excitant nécessaire à l'activité créatrice et ordonnatrice. Le

stimulant de l'intérêt personnel est indispensable
à la mise sur pied, à la vie, à la prospérité de
l'affaire. Mais l'intérêt personnel disparaît dans
l'entreprise d'Etat. Et la valeur professionnelle, la
compétence technique perdent leur importance
dans l'Etat démocratique, qui n'est que l'organisation de la mise au pillage de la richesse publique
par un syndicat d'appétits. De là, le déficit des
industries étatisées et la ruine de l'Etat socialiste.

Les méfaits du régime électoral sont de toute
sorte, au plus grand dam de ce plus grand nombre
qu'il prétend servir. Ainsi, par exemple, au sujet
du logement. Un jeune « cisailleur » (manœuvre
spécialisé sur machine à couper), âgé de 24 ans,
marié et père d'un jeune bébé, est envoyé à
une perceuse, à la suite du remaniement du personnel consécutif à sa réduction : il ne gagnera
plus que 15 francs au lieu de 20. Sa femme travaille dans une autre usine où elle gagne 12 francs.
Le bébé, mis en nourrice, ne leur coûte pas moins
de 120 francs par mois, au plus juste prix. Leur
foyer ainsi détruit par l'individualisme qu'a ins-
tauré le régime jacobin, ils ont dû, n'ayant pu
trouver d'autre logement, louer au mois pour 50
francs une chambre meublée et laisser leur mobilier chez leurs parents. Cette crise du logement
est causée par les lois dites de protection des
locataires, votées pour plaire au grand nombre, servir de plate-forme électorale, transformer une partie des Français en ennemis des autres Français,
alimenter le jeu des partis, engraisser d'ambitieux
politiciens, et qui, empêchant les capitalistes de
tirer de ce mode de placement un revenu suffisant, soustrait à l'arbitraire légal, entravent la
construction d'immeubles. Cette crise est, en outre,
causée par la mauvaise gestion financière de l'État

démocratique, entraînant un accroissement tel des
charges fiscales que les détenteurs de capitaux sont
poussés à les exporter, ou à les cacher, ou à ne les
confier que temporairement à des entreprises à forts
bénéfices. Mais les chefs des partis populaires, qui
vivent du désordre républicain, apprennent au
peuple crédule, qui en meurt, à l'aimer.

Ce jeune perceur me dit du chef d'équipe : « Tout
le monde l'estime. Il nous eng... quand il le faut ;
mais il ne nous fera pas de saletés ; il ne nous des-
servira pas, par derrière, auprès de l'ingénieur ; il
est franc ; c'est la franchise même. Et puis, il connaît son affaire à fond ; il connaît toutes les machines,
tous les plans ; il n'a pas besoin de regarder les
dessins pour nous dire comment traiter une pièce ;
et, s'il le faut, il travaille mieux qu'aucun de nous ;
l'autre jour, il a retroussé ses manches et il maniait
le burin, fallait voir ça ! » Ce chef d'équipe a des
allures de sous-officier de cavalerie, d'adjudant de
quartier. Il a l'œil à tout ; il est partout, surveillant,
corrigeant, tançant l'un ou commandant l'autre d'un
ton sec, d'un verbe impérieux. Il commande quand
il le faut et comme il convient. C'est ce que l'ouvrier
demande : être commandé ; à la condition toutefois
que celui qui commande sache commander, qu'il ait
la compétence théorique et pratique, qu'il soit loyal
et juste. L'ouvrier n'a pas du tout la haine de l'autorité — il la sait légitime et nécessaire — mais la
haine de celui qui, l'exerçant mal, ne lui apparaît
pas comme qualifié pour l'exercer. Et il juge le
chef aux résultats : si tout marche bien, c'est-à-dire
si lui, ouvrier, peut accomplir normalement la tâche
qui lui est dévolue — l'ouvrier ne voit ni au-dessus
ni au delà — c'est que l'affaire est bien conduite et
que ceux qui en ont la charge sont dignes d'exercer

leur fonction. Dès lors, l'obéissance va de soi et la discipline est respectée.

Sans discipline ni surveillance, l'usine verrait son rendement tendre très vite vers zéro. Ainsi, un certain jour, l'ingénieur et le chef d'équipe sont appelés au bureau central. Leur absence dure dix minutes. A peine commencée, aussitôt perçue par le personnel : le travail se relâche immédiatement ; de petits groupes se forment entre voisins et les bavardages vont leur train. J'ai toujours constaté ce même fait. La surveillance, ce qui signifie la menace de sanctions, est rigoureusement nécessaire, par conséquent la contrainte. Sans discipline, autrement dit sans contrainte, donc sans la force qu'il craint, l'homme glisse aussitôt sur la pente des sollicitations fâcheuses ; ni dans sa vie individuelle, ni dans sa vie sociale, à quelque catégorie ou groupe qu'il appartienne, il ne peut atteindre le moindre degré de moralité sans en avoir l'idée, le désir, la volonté, soutenus, accrus, exaltés par la certitude de l'existence et de l'imminence d'une force extérieure, contraignante et redoutée. Dans ces âmes arrachées à la foi religieuse, refoulées sous le joug de la loi de l'instinct animal par le paganisme laïque et la superstition socialiste de l'Etat, la régression morale se manifeste : plusieurs jeunes ouvriers, de 21 à 25 ans, mariés, n'ont pas d'enfant ou n'en ont qu'un seul ; deux jeunes, parlant d'un camarade qui s'est mis en ménage, disent : « Ils sont ensemble, voilà tout ; ils n'ont pas besoin de passer par la mairie ; ils sont aussi bien comme ça. » Les *water* de l'usine sont couverts d'inscriptions et dessins obscènes. La propagande socialiste, qui prépare aux ouvriers comme à tous les citoyens le joug de fer d'une abominable tyrannie, fait prendre en

haine aux travailleurs la discipline, si souple et si
légère, de l'usine et de la société dont elle vise la
conquête et dont elle prépare, sous prétexte de
réorganisation, le pillage et la ruine. Un jeune
manœuvre spécialisé sur machine, âgé de 21 ans,
est marié : il ne porte son alliance en or que le
dimanche de peur de la détériorer en travaillant :
en régime soviétique, ce bijou de métal précieux
lui serait volé par l'Etat ; ce symbole d'union pour
la vie serait même proscrit comme funeste. La bande
de criminels et de voleurs qui s'abrite derrière le
drapeau rouge du communisme, si elle ne dédaigne
point les petits pillages, s'enflamme surtout à la pensée des grandes rapines : l'appât immédiat qu'elle
présente à ses dupes ouvrières, c'est l'usine et son
matériel.

Tout en manœuvrant le levier de ma perceuse, je
regarde les machines-outils convoitées par ces malfaiteurs de droit commun. Au milieu des tours dont
les cylindres s'allongent horizontalement et des
perceuses dont l'axe élégant se profile suivant la
verticale, se dressent, lourdes, trapues, les rabo-
teuses et les coupeuses. Le corps massif de la raboteuse, semblable à celui d'un animal informe,
ramassé sur lui-même, projette un museau terminé
par un mince outil en forme de croc ; dans le va-et-
vient que permet une glissière, cette sorte de
trompe de tapir se promène, inlassable, à la surface
de la pièce d'acier que la bête a saisie et, à chaque
mouvement, la pèle ; rien ne résiste à cette dent
qui arrache de petites épluchures brillantes dont
le sol peu à peu se couvre ; elle gratte l'acier, le
décortique par menus copeaux, laissant la trace
d'un trait très mince, son sillon, qu'elle creuse sans
arrêt du même mouvement têtu, monotone, en
poussant chaque fois un bruit sourd, comme le

« han ! » qui marque l'effort. Plus loin, ce sont des coupeuses : deux monstres accroupis sur le sol et, semble-t-il, réduits à deux têtes énormes accrochées au dallage par des pattes repliées qui paraissent se confondre avec lui. Fixée derrière chaque tête, une énorme roue dentée, dont les jantes s'épanouissent en rayons de gloire et qui ressemble à une auréole infernale, tourne lentement, avec majesté. L'une de ces têtes dresse un haut crâne ovoïde et chauve qui rappelle celui des idoles chinoises de la lubricité ; sous un mufle plat et carré, s'ouvre une gueule énorme et, d'un mouvement rythmique, s'élève et s'abaisse une unique dent, large et noire, qui, après avoir marqué la pièce d'acier que son servant lui présente, redescend sur elle et, d'un coup, la tranche. Une tête lui fait face, horrible à voir : le crâne lui-même disparu, il ne reste que les deux mandibules, le gouffre de la gueule insatiable et la dent unique, qui, large comme la gueule béante, s'abaisse lentement, met sa trace sur le métal, se relève, s'abaisse, le pénètre et le coupe. Ainsi, sans arrêt, tout le jour. Plus loin, un monstre plus fantastique encore, conçu dans le cauchemar : d'énormes yeux tournent sans arrêt au-dessus d'un mufle en forme de disque qui, sans cesse, roule mû par une arcade zygomatique semblable à une patte de sauterelle géante, à tout instant allongée puis repliée sur la joue de cette tête, haute de trois mètres, posée à même le sol et dont l'unique dent, sous le museau rotatoire, broie, implacable, toutes les plaques ou planches de fer que lui tendent ses serviteurs. C'est enfin une autre tête énorme, réduite à un œil immense, qui tourne à une vitesse folle, et à la gueule ouverte ; la mâchoire inférieure est armée d'une seule dent étroite, immobile, et la mâchoire supérieure, juste sous le disque tournoyant de l'œil de cyclope, d'une longue dent qui, glissant à nu dans son alvéole ouverte, cisaille sans repos les morceaux de fer livrés à sa voracité. Les deux rangées de têtes coupées, aux formes fantômales, noires comme les œuvres de l'enfer et qui semblent vomies par lui, posées à terre, face à face, se regardent dévorant sans trêve le dur métal. Et, de toutes parts, légers et frémissants comme des insectes nombreux et invisibles, les forets des perceuses vrombissent : près d'eux, l'oreille perçoit leur chant ailé qui se mêle au frémissement des courroies, au murmure continu et sourd des poulies ronronnantes. Mais toutes ces rumeurs légères sont emportées par le bruit d'orage du métal, dont les meules arrachent des pluies d'étincelles, que les forgerons pétrissent et que d'autres machines broient pour satisfaire aux besoins des hommes.

Sur tous ces moyens de production, le communisme prétend établir la « dictature du prolétariat ». Traduisez : la dictature d'une demi-douzaine de tyrans, propriétaires des hommes et des choses, des prolétaires et de tous les biens de ce monde. Comment atteindre ce but ? Deux écoles, deux méthodes : les socialistes cégétistes préconisent le vol légal, la spoliation progressive par l'effet de la toute-puissance parlementaire ; les communistes unitaires préfèrent recourir à la prise de possession immédiate des usines, comme de l'Etat, par l'offensive brusquée du prolétariat en armes. Pour préparer leur avénement, les Unitaires pénètrent secrètement les entreprises privées et les administrations publiques et, par une propagande sournoise, noyautent la société tout entière, y cheminent souterrainement, en conspirateurs qui se préparent à l'assaut final. L'usine où je travaille m'a donné le spectacle de ce labeur caché formant des chefs occultes et forgeant une infrastructure dissimulée avec soin, qui, le jour où s'écroulera la société, se substitueront aussitôt aux hommes vaincus et aux institutions détruites.

Dès le premier jour, je surprends un indice de cette organisation secrète. A la fin de l'après-midi, deux minutes avant le coup de sifflet de la cessation du travail, un homme surgit brusquement près de moi et, d'un ton sec et menaçant : « Si vous travaillez après six heures, me dit-il, on débrayera (1) votre machine ! — Mais je ne travaille pas après six heures », murmurè-je, surpris. Je n'avais l'intention, ni de faire une heure supplémentaire, ni de travailler au delà du temps fixé. L'homme s'éloigne sans dire mot. Son visage exprime une dure énergie. Il est étranger à l'atelier : « Quelque délégué du syndicat rouge, pensè-je, chargé de veiller à ce que nul ne travaille un quart de seconde après l'heure réglementaire ! On aura voulu m'intimider, me faire sentir que je suis soumis à la discipline et à la surveillance syndicales. Leur organisation est sérieuse, puisque la présence d'un nouveau est aussitôt signalée à leur contrôle ; et elle s'étend à tous les ateliers de l'usine, puisque le contrôleur n'appartient pas à mon atelier. »

Le lendemain soir, à six heures moins cinq, j'aperçois, du coin de l'œil, le même homme : une échelle sur l'épaule, il traverse l'atelier, se glisse vers ma droite et légèrement en arrière, pose en silence son échelle contre le mur, l'escalade et, juché sur les derniers échelons, me surveille. « Tiens, pensè-je, il vient constater ma docilité à ses ordres.

---

1. Débrayer, ou désembrayer, signifie: arrêter la machine en retirant la courroie qui la relie à la poulie motrice.

Il a commandé : il veille à l'exécution ». Je feins de ne pas m'apercevoir de sa présence, et, ainsi que le jour précédent, je n'agis pas autrement que mes voisins : au coup de sifflet, j'arrête ma machine. L'homme descend de son échelle, la remet sur son épaule et, sans souffler mot, s'en va.

Les jours suivants, je remarque un ouvrier âgé d'une cinquantaine d'années, qui ne travaille à aucune des machines-outils, et fait, matin et soir, un tour dans l'atelier, s'arrêtant successivement auprès d'une dizaine de compagnons avec lesquels il engage une brève conversation dépourvue de tout rapport, semble-t-il, avec leur travail : instructions et mots d'ordre à des affidés ? Entre plusieurs autres ouvriers et lui, s'échangent, au passage, un regard amical, un bonjour muet.

Un jeudi, à la sortie de l'usine, deux hommes bourgeoisement vêtus distribuent des placards nous pressant d'assister à une réunion publique, unitaire, qui se tiendra le lendemain soir à la salle du Châlet. Je m'y rends à l'heure indiquée, 8 h. 1/2. La salle est encore vide. Peu à peu, elle s'emplit : une demi-douzaine de camarades d'atelier, plusieurs accompagnés de leurs femmes, me rejoignent et me serrent la main ; et bientôt il y a là 280 personnes, dont un quart de femmes ; ce sont, sauf de rares exceptions, des travailleurs manuels. A un certain moment, je vois entrer le quinquagénaire qui circule régulièrement dans mon atelier ; je détourne la tête assez vite pour qu'il ne puisse être certain d'avoir été aperçu et, pendant les discours, j'affecte de ne pas regarder de son côté ; mais ma présence dans ce milieu l'intriguera et même l'inquiétera, comme j'en aurai la preuve les jours suivants. A neuf heures, la séance est ouverte. Les propagandistes en tournée se montreront dénués de toute valeur intellectuelle

et du plus élémentaire talent de conférencier. Le
vide de leur pensée ne me stupéfiera pas moins
que l'incorrection de leur langage. Ils n'en sont pas
moins appelés à faire partie du personnel gouvernant si le communisme triomphe. Une femme, la
première, prend la parole : d'un ton doux et insi-
nuant, elle invite les « camarades femmes » à fréquenter les réunions publiques pour y faire leur
éducation sociale ; puisqu'elles travaillent à l'usine,
elles doivent prendre conscience de leurs droits et
lutter pour leur affranchissement. « Ne vous inquié-
tez pas de votre ménage. En rentrant, le mari vous
aidera à faire rapidement la cuisine et, le lendemain,
à laver la vaisselle ! » Ces conseils de désertion de
la fonction ménagère sont accueillis par des rires
approbateurs. Il n'y a pas de plus sûr moyen de
faire abandonner par l'ouvrier le foyer conjugal que
de lui donner la certitude qu'il n'y trouvera ni
aliments chauds ni propreté : cette femme prêche
la destruction du mariage et de la famille, à l'imita-
tion des sauvages de Moscou. L'homme qui lui
succède à la tribune en arrive en droite ligne. Il
s'est affublé d'un nom français. Et c'est un Scythe,
plus barbare que ses lointains ancêtres. Ses cheveux
blond filasse, ses traits, que masquent mal des
lunettes d'écaille, comme son langage sans accent et
son excessive volubilité, caractéristique des orateurs russes, accusent ses origines. A-t-il pénétré
en France sous le couvert du passeport diploma-
tique ? Compte-t-il parmi les innombrables attachés
à l'ambassade soviétique, commis-voyageurs de la
Révolution bolchevick ? Certainement émissaire de
la bande de félins à visages d'hommes qui ont fait
du Kremlin leur caverne, il parcourt la France,
pour préparer cette nouvelle proie à l'avide férocité
de ses maîtres, maquillé en Français, favorisé par

l'ignorance et la naïveté de ces ouvriers qu'ont façonnés les duperies électorales, couvert par les complicités et les trahisons de l'Etat républicain. De taille moyenne, mince, jeune, quelque peu hautain et méprisant, il forge des mots comme *hécatacombe*, multiplie les « velours » et se lance éperduement dans des phrases d'une longueur interminable, dépourvues de syntaxe et d'idée, où il se perd sans vergogne, noyant ses auditeurs sous un déluge de mots où revient à satiété l'invocation : « Camarades ! » ou : « Camarades travailleurs ! » L'auditoire reste très froid : de rares et maigres applaudissements se font entendre de loin en loin ; ce sont quelques fanatiques qui donnent cette marque de docilité au signal de leur chef de claque, un jeune bourgeois fort correctement vêtu. Les conférenciers insistent sur la nécessité pour les salariés des deux sexes de réclamer de plus forts salaires, sur la hausse inévitable et indéfinie du coût de la vie, sur le péril de l'inflation, les horreurs de la guerre passée, des guerres coloniales actuelles, de la guerre continentale future. Ils se gardent de dire que la hausse des salaires provoquerait fatalement la hausse des prix, que l'inflation est la conséquence de la politique étatiste, c'est-à-dire socialisante et, pour parler nettement, socialiste, et que les communistes veulent ajouter aux horreurs de la guerre étrangère celles de la guerre civile et de la Terreur permanente. L'homme de Moscou poursuit éperdument le fatras de son verbiage. Il se répand en un flux intarissable de paroles d'une fatigante banalité jusqu'à ce qu'enfin je parvienne à retenir, dans le jaillissement de sa logorrhée — après cette affirmation germanophile : « Les camarades ouvriers allemands sont des hommes et des ouvriers comme vous, qui ont les mêmes inté-

rêts que vous ! » — ces trois graves formules où
se dévoilent tous les secrets du Parti communiste :
*Vous allez entrer bientôt dans une période d'une
extrème gravité. Les événements vont se précipi-
ter. La chute du franc amènera une crise générale qui fera naître des troubles de toutes
parts (1). »* Après ce pronostic de la Révolution, ce
conseil d'action : « *Sachez que celui qui attaque le
premier est sûr de vaincre !* » Les cartellistes et les
communistes se donnent la réplique dans la complicité de leurs politiques parallèles, les premiers
poussant nos affaires de mal en pis pour rendre inévitable, par la crise économique, par la ruine des
citoyens et la banqueroute de l'Etat, cette Révolution dont les seconds tiennent prêts les cadres
administratifs et les troupes de choc. Le résultat de
cette belle coopération, l'émissaire des Soviets l'a
exprimé en ces termes : « Vous êtes malheureux,
camarades travailleurs. Vous allez l'être davantage!
*Il faut que patrons et ouvriers souffrent également
dans la même misère !* » Ça ne pouvait mieux définir le communisme : l'égalité dans la misère et la
souffrance. Son apologie est faite.

Connaissant maintenant le fond de la pensée du
Moscovite et fatigué de son insipide verbiage, je
quitte la salle. Il est dix heures, ma chambre est à
quelque distance du « Châlet » et je dois songer au
travail du lendemain.

Le lendemain matin, samedi, je ne conduis pas
ma perceuse depuis une heure que le chef secret du
soviet d'usine s'approche de moi : « Votre machine
va bien ? — Mais oui », fais-je, paraissant surpris
de cette question que rien ne justifiait. Et je me

1. Ces paroles étaient prononcées en septembre 1925,
alors que la livre sterling n'était encore cotée qu'aux environs de cent francs.

remets au travail. L'homme, ne sachant plus comment reprendre la conversation amorcée, s'éloigne, déçu bien certainement de n'avoir pu m'amener à parler du meeting de la veille. L'y ai-je vu ? Pourquoi y suis-je allé ? Pour espionner ? ou bien appartiendrais-je au contraire au « Parti » ? Quelles peuvent être mes opinions ? Autant de questions qu'il se pose très sûrement et qui le tourmentent.

Le surlendemain, au cours de la matinée : « Tiens ! quelle sorte de *mandrin* avez-vous là ? » me demande-t-on, soudain. Je lève la tête. L'homme qui m'interpelle paraît âgé de 25 à 30 ans. Je ne l'ai jamais vu à l'atelier ; il m'est entièrement inconnu. Il tient à la main un « mandrin » d'un modèle français, tandis que ma perceuse est munie d'un mandrin d'un modèle tout récent, américain. Mais voilà déjà une dizaine de jours que j'ai reçu ce mandrin ; d'autres perceurs, curieux de ce modèle nouveau, étaient alors venus le voir — histoire déjà ancienne et oubliée. L'accès de curiosité de cet ouvrier inconnu se produisait trop tard pour ne pas me paraître artificiel. Une entrée en matière si peu justifiée ne pouvait être qu'une feinte jugée propre à me donner le change sur le véritable but que cet émissaire poursuivait. Nouveau coup de sonde, pensé-je ; c'est l'autre qui l'envoie. Et pendant quelques instants, mon interlocuteur me demande quels avantages ou inconvénients mon mandrin américain présente. Puis, tout à coup : « Vous étiez à la réunion, vendredi ? » me demande-t-il. Il démasquait ses batteries. Les agents communistes ont pour consigne formelle de ne faire connaître leurs convictions qu'à ceux de leurs campagnons dont ils sont sûrs : partisans ou sympathisants. A l'égard des autres, ils doivent dissimuler, soit en se tenant sur la réserve, s'il s'agit d'indifférents, soit, s'il s'agit de réfractaires aux idées communistes ou d'ennemis connus de ces idées, en simulant au besoin les opinions de ces adversaires. Ne voulant pas feindre des convictions bolchevicks et tromper mon interlocuteur, jugeant d'ailleurs plus instructif de le voir se conformer aux instructions secrètes de son Parti, et le supposant ancien bon élève de quelque école communiste : « Mais oui, lui dis-je, j'y suis allé par curiosité. — Je vous ai vu. J'étais derrière vous. Vous vous appuyiez contre une des colonnes. » (Me surveillait-il déjà ?) « — En effet. Mais les discours étaient si vides, si dépourvus d'intérêt, si ennuyeux, qu'au bout d'une heure j'ai f... le camp. — Moi aussi ! répond-il en écho, et je suis parti aussitôt après vous... » (Pour me filer ?) Il était manifestement résolu à parler dans le même sens que moi. Il me restait à le pousser à fond dans cette direction. « J'ai été fort déçu par les orateurs, déclaré-je. Ils parlaient mal et pour ne rien dire. J'ai rarement entendu propos aussi vides de sens. — En effet ! » approuve mon interlocuteur, entrant tout à fait dans mon jeu. « Et puis, continue-t-il, la femme-orateur s'adressait toujours aux ouvrières. Ça ne nous intéresse pas. — En un sens, si ! La place de la femme n'est pas à l'usine, mais à son foyer. L'homme doit être assez payé pour faire vivre sa famille. — Et le Maroc, poursuit-il, qu'est-ce que ça peut nous faire, à nous, ouvriers ? » Le piège était évident ; toute la campagne de meetings et de presse, engagée et poursuivie par le parti communiste, était dirigée contre la guerre marocaine, en faveur d'Adb-el-Krim et de la « République » rifaine. Mon sentiment sur le Maroc, c'était la pierre de touche de mon sentiment sur le communisme, qu'il s'agissait de connaître. Mes premiers propos devaient lui faire supposer que je professais à l'égard du Maroc une profonde indifférence. Je me décide aussitôt à lui causer une double surprise, en lui montrant un vif intérêt à l'endroit du conflit marocain, mais pour des raisons tout autres que celles qu'il pouvait imaginer. « Qu'est-ce que ça peut nous faire, le Maroc, à nous autres ouvriers ? m'écriè-je. Mais il nous intéresse au plus haut point. C'est un pays neuf : en achetant l'outillage que nous fabriquons et dont il est dépourvu, il nous donne du travail. Nous ne consommons pas tout ce que nous produisons : sans les colonies, qui nous achètent ce qu'elles ne produisent pas, nous souffririons du chômage et de la faim. Et puis, avant que les Espagnols ne pénètrent dans le Rif, si leurs barques de pêcheurs s'aventuraient près de la côte, les pirates rifains s'en emparaient et faisaient de l'équipage des esclaves. Une guerre destinée à assurer la sécurité est une guerre juste. Les Rifains eux-mêmes, comme tous les Marocains avant que nous nous installions chez eux, ne cessaient de se battre entre eux, de se voler et de se tuer, de village à village, de tribu à tribu : celui qui semait ne savait jamais s'il récolterait. Mais, là où nous sommes maîtres, celui qui sème récolte, les échanges commerciaux se multiplient, les indigènes nous font vivre et s'enrichissent, parce qu'à ces gens qui ne rêvaient que pillages et meurtres nous avons apporté l'inestimable bienfait de la paix. » L'homme reste silencieux quelques secondes. Puis : « Parfaitement ! approuve-t-il. Ah ! je les connais ! Ce sont tous des assassins et des voleurs : j'ai fait mon service militaire en Syrie ; Fayçal était alors roi de Transjordanie; ses Bédouins venaient, la nuit, voler les troupeaux des pauvres indigènes; ils égorgeaient nos sentinelles; à Palmyre, j'étais alors sous-officier, un clairon était parti en éclaireur ; nous l'avons retrouvé le ventre ouvert jusqu'à la gorge, et ils y avaient enfoncé son clairon et ses godillots ! Et les Turcs et tous les peuples de ces pays-là, c'est la même chose : tous des sauvages ! des bandits !... » Et il s'éloigne. Il était fixé sur moi. Je ne l'étais pas moins sur lui qui avait abondé dans mon sens, feignant de partager mes idées, d'approuver mes jugements et de justifier par un simple sentiment de curiosité sa présence au meeting afin de me mettre en confiance, de me provoquer aux confidences, de me tromper sur ses pensées intimes, de me donner le change sur ses convictions et de détourner de lui et de ses amis tout soupçon.

A dater de ce jour, ces communistes cessent de m'assiéger. Ils affectent même de ne pas me reconnaître : lorsque je rencontre à l'atelier l'ouvrier quinquagénaire, je le salue d'un signe de tête ; il ne me répond pas et détourne les yeux ; croisant sur le seuil d'un bureau de tabac, le jeune inconnu qui avait été chargé de l'enquête sur mes opinions, je le frôle du coude, je le fixe dans les yeux, je lui dis : « Bonjour ! » Il affecte de ne pas me voir, de ne pas m'entendre et il passe sans répondre mot. Les chefs du soviet d'usine m'ont jugé. Le jour de l'avénement de la dictature prolétarienne, ils prendront leurs mesures de sécurité contre les ouvriers cotés comme ennemis ou simplement comme suspects. Vienne le « Grand soir » et mon compte est bon.

Tout à la fin de mon séjour à l'usine, reparaît à l'atelier un homme que j'y avais remarqué dès mon arrivée : l'air important et autoritaire, il jetait souvent sur toute la portion du hall où il travaillait un regard circulaire, comme d'un chef qui inspecte ses subordonnés ; il paraissait en relations suivies avec un certain nombre d'ouvriers de l'atelier. Mainte-

nant, au retour de sa longue absence, je le vois
entretenir des rapports étroits avec plusieurs de nos
camarades, pérorer au vestiaire, parler longuement
avec des apprentis et rentrer en ville avec eux. Me
rencontrant au guichet de l'outillage où nous venions
changer nos forets, il me fixe : « Tiens ! dit-il, je ne
vous connaissais pas, vous ! Il y a longtemps que
vous êtes ici ? Où travailliez-vous donc auparavant ?
— A Paris. » Peu après, me rencontrant encore au
guichet : « Eh bien ! interroge-t-il, ça marche, à
Paris, les syndicats ? — Mais oui, mais oui ! » Ce
dialogue n'eût pas de suite : je partais le lendemain.
Manifestement, cet homme contrôlait le mouvement
du personnel, « confessait » et « fichait » les nouveaux.

Les ouvriers sont donc surveillés et encadrés à
leur insu par les émissaires de Moscou, et l'usine
noyautée sans que patron, directeur, ingénieurs,
chefs d'ateliers, contremaîtres s'en doutent. L'organisation et l'action communistes sont devenues
secrètes. Les affiliés, comme jadis les nihilistes
russes, se connaissent et se tiennent entre eux ; ils
épient et surveillent les autres. Se conformant aux
instructions précises du Parti, ils s'attachent à
dérouter les soupçons, capter la confiance des
ouvriers et des chefs, dissimuler leur existence et
leurs projets. Ils déploient une activité prudente,
maquillée, souterraine. Ils flairent, analysent, sou-
pèsent les nouveaux, les inconnus, les hésitants, les
incertains, les indifférents, font le siège de ceux
qu'ils croient pouvoir conquérir sans se trahir,
recrutent des adhérents un à un. Une véritable cons-
piration groupe des adeptes qui ont reçu dans des
écoles spéciales un dressage très précis. Dans cette
usine, un soviet est constitué qui est tout prêt, sur
un signal, à s'emparer de l'entreprise, contraindre

les hésitants, supprimer les opposants, massacrer patron et ingénieurs ; seuls dans le personnel dirigeant, quelques techniciens pourront être épargnés, s'ils acceptent de collaborer à la dictature du prolétariat jusqu'au jour où leurs successeurs auront été formés. Le tiers des ouvriers de l'atelier semble faire partie de la cellule ; les sympathies de tous les autres, quelques indifférents exceptés, sont certainement acquises à leur effort. Les jeunes sont nécessairement attirés dans la sphère d'influence des hommes d'action. Il n'est pas difficile d'imaginer quels arguments les amènent au « Parti » : « Tu ne veux pas te faire tuer au Maroc ? Tu veux de bons salaires ? Le communisme supprimera les guerres et t'enrichira. Par son triomphe, ton bonheur est assuré ». Comment des jeunes gens ignorants, enthousiastes et naïfs, ne se laisseraient-ils pas piper par ces belles promesses ? Les camarades qui les étalent à leurs yeux sont, le plus souvent, parfaitement sincères : l'âge a seulement accru leur propre ignorance, épaissi leurs préjugés, durci leur volonté tendue depuis des années vers les mêmes illusions. Les responsables sont placés plus haut : ambitieux sans scrupules, politiciens à tout faire, praticiens des Loges, des élections et des chèques, théoriciens fous, maîtres d'erreurs, régime politique qui provoque le foisonnement de tous ces parasites et pilotes de perdition.

L'usine où je travaille est donc entièrement noyautée par la cellule communiste qui se ramifie dans tous les ateliers, organise le filtrage et la mise sur fiches des ouvriers, embrigade les jeunes, recrute les adultes, constitue toute une infrastructure secrète. Mêmes efforts et, à des degrés divers, mêmes réalisations dans les autres usines, ici, à Paris et dans les grands centres industriels, dans les ports

de mer, les chemins de fer, les postes, les administrations publiques, la marine et l'armée, préparant
la grande vague de fond qui emportera tcut. Ils
pensent qu'à l'ordre dunné de l'offensive, la façade
vermoulue de notre société s'écroulera, laissant
brusquement apparaître la société nouvelle, toute
prête à fonctionner, toute armée pour imposer sa
tyrannie. Ils se sentent sûrs du succès parce que le
gouvernement complice prépare, par un glissement
de plusieurs décades d'années, le changement de
décor, et que la multitude intéressée à défendre sa
vie, ses biens, sa liberté, son honneur, est inerte et
comme frappée de stupeur, engourdie par l'opium
républicain, chloroformée par la presse. La quié-
tude des honnêtes gens, des travailleurs, des producteurs, est aussi profonde qu'il faut qu'elle le soit
pour que la catastrophe se produise (1).

1. Voir le *Règlement de la guerre civile*, préparé par les
Soviets russes, publié dans *La Revue de Paris*, 15 avril 1925.
  La Revue de Paris, 1er avril 1926, citée par *Le Matin* du
5 avril, écrit que, par les « cellules » d'entreprise, d'usine
et d'administration, Moscou cherche à conquérir le pouvoir
« dans des conditions identiques à celles qui permettent,
en Russie, de faire régir 120 millions de personnes par
moins de 50 individus, médiocres pour la plupart. Instrument de règne pour les dirigeants moscovites, les cellules
sont le cadre tout préparé de la société française, telle que
nous la prépare la IIIe Internationale pour demain. Qu'un
coup de force heureux soit accompli, que quelques régi-
ments passent à l'émeute, et il n'y aura besoin ni de gouvernement provisoire, ni d'élection d'une assemblée quel-
conque : le règne des cellules sera proclamé, les cellules
étant la contre-partie exacte des soviets. Chaque administration de l'Etat ou des communes a sa cellule, qui prendra
tranquillement la direction des services et à laquelle les
autres fonctionnaires, isolés et sans ordres, obéiront en
tremblant. Chaque usine, chaque entreprise, a sa cellule,
qui lynchera ou pendra le patron, l'ingénieur ou le contre-

§ 2. — **Logement et pension**.

Une chambre à la nuit dans un petit « Café » du centre de la ville me coûte six francs.

Au Mans comme partout ailleurs, il est malaisé de découvrir un logement. Après de longues recherches dans toute la ville, je ne trouve que quatre chambres dans la vieille cité et trois autres dans un des nouveaux faubourgs. Dans une ancienne

maître, et s'appropriera l'avoir social sous toutes ses formes... Les masses communistes peuvent être mobilisées sans que l'éveil soit donné ni au gouvernement, ni à la presse d'opposition, ni par conséquent à l'opinion publique. Une simple note parue dans l'organe officiel des Soviets en France avisera les secrétaires et agents de liaison des rayons de venir prendre des instructions. Quand ils les auront reçues, ils les transmettront aux membres présents des cellules, qui les transmettront à leur tour aux militants, à l'atelier. Trente heures après la publication de la note, la mobilisation communiste sera effective ».

Les Cahiers du bolchevisme (avril 1926) ont publié un discours prononcé par Zinovieff à la dernière session du Comité exécutif de l'Internationale communiste, à Moscou : « La France, déclare Zinovieff, est un pays où... la crise prendra bientôt une vitesse beaucoup plus grande. Il est parfaitement clair que, dans quelque six mois par exemple, nous pourrons parler d'une situation aiguë en France et des succès de notre parti, s'il sait s'organiser et diriger les grandes masses. » La France compte deux millions d'ouvriers étrangers. « Nous devons savoir préparer ces deux millions d'ouvriers. Ils peuvent devenir pour nous deux millions d'agitateurs. » *Le Matin* (29 avril 1926), citant ces passages dans un article, intitulé : « Comment on prépare à Moscou la guerre civile en France », conclut : « C'est l'aveu très net qu'on organise à Moscou la guerre civile en France. Cela ne surprendra aucun Français et ne mériterait même pas d'être signalé, si le parti politique auquel appartient Zinovieff n'était au pouvoir en Russie et si le pouvoir russe n'était représenté à Paris par un ambassadeur. »

maison, au pied des remparts, une chambre et une cuisine sont à louer pour 85 francs par mois : je n'ai pas besoin de cuisine et ce prix dépasse mes moyens. Au bas de la colline, près de la Sarthe, dans une maison vétuste, on me demande 3o francs par mois pour un cabinet de 2 mètres sur 2 m. 5o, obscur en plein jour et ne prenant air et lumière que par une étroite fenêtre sur une courette de moins de 2 mètres de côté, empuantie par des odeurs de cabinets et d'égoût. Sur le sommet de la colline, dans une ruelle de la vieille cité, une chambre de 55 francs sur cour et une de 65 francs sur rue sont disponibles ; mais le propriétaire, un petit épicier, ne veut même pas me les montrer : « Elles sont trop malpropres. Je les loue à des manœuvres qui s'y entassent avec femme et enfants, se couchent sans changer de linge, font la cuisine sur un poêle et mangent sans nettoyer la vaisselle. Les enfants ont défoncé les chaises, cassé le sommier, tout déchiré et taché. Le prix que je demande semble élevé ; mais, à considérer les réparations que je dois faire, il est encore trop bas. Non ! vous ne pouvez pas habiter là; surtout avant que j'aie tout remis en état. Je sais ce que c'est que les garnis : j'y ai habité quand j'étais jeune ; j'ai roulé ma bosse, moi aussi, je n'ai pas toujours eu une situation comme maintenant... » L'homme — 5o à 6o ans — était tapis derrière son comptoir, dans la boutique enfumée et obscure où s'entassaient les boîtes et les bocaux. Il était fier d'avoir conquis une « situation ». Tout est relatif et l'on ne doit mépriser personne. Et puis, pour être heureux, il faut toujours regarder au-dessous de soi.

Dans le faubourg ouvrier moderne des abattoirs, on m'offre une mansarde de 45 francs par mois, à louer pour six mois, et une autre de 5o francs, louée au mois ; puis, pour ce dernier prix, au premier étage d'un petit café, une chambre. Les deux mansardes sont amples et convenablement meublées ; on y accède après avoir traversé un corridor et monté un escalier encaustiqué et soigneusement entretenu. Presque toutes les petites maisons de ce quartier sont construites d'après le même plan : sur la façade, une porte et une fenêtre ; un rez-de-chaussée, deux étages, le second mansardé ; deux pièces au rez-de-chaussée, avec, s'avançant en aile dans le jardin étroit et profond, une petite cuisine ; à chaque étage, deux pièces et un cabinet. L'aspect en est propre, avenant. Je loue la chambre du café : c'est une belle pièce carrée qui mesure plus de quatre mètres de côté, largement éclairée et aérée ; son parquet est ciré ; ses murs, fraîchement tapissés d'un joli papier clair ; elle est meublée d'un large lit de milieu en fer, d'une ample toilette couverte de marbre et garnie de *deux* serviettes (luxe fort rare et très appréciable), d'une table avec tapis, de cinq chaises, et munie d'une cheminée et d'un placard. Plus d'un bourgeois pourrait envier ce logement, que venait de quitter un jeune ouvrier. Le patron et sa femme peuvent être âgés de 3o à 35 ans ; ils n'ont pas d'enfant ; ils lisent *Le Quotidien*. Une consommation, par exemple un cassis-byrrh-eau-de-seltz, coûte un franc.

Dans le quartier, une femme accepte de se charger du blanchissage, repassage et raccommodage du linge. Les prix sont les suivants :

Une chemise....................	0,80
Un gilet de flanelle.............	0,7o
Un caleçon.............•.........	0,6o
Une paire de chaussettes........	0,15
Un mouchoir....................	0,15
	2,4o

Cette dépense hebdomadaire est donc très inférieure à celle de Paris et un peu plus élevée qu'à
Cholet.

Une coupe de cheveux coûte deux francs.

En arrivant au Mans et pendant plusieurs jours,
je prends mes repas dans un petit restaurant du
centre de la ville. Le repas, composé de potage,
hors-d'œuvre, viande, légumes, fromage, café, coûte
cinq francs avec une carafe de cidre, 5 fr. 5o avec un
quart de litre de vin rouge.

Je trouve là comme pensionnaires trois ouvriers que
leurs femmes accompagnent et un jeune homme. Ce
dernier est âgé de 18 ans ; il travaillait à Sablé ; il y
gagnait comme manœuvre neuf francs par jour et sa
pension lui en coûtait onze; il y a connu des ouvriers
maréchaux à qui sur leur salaire il ne restait plus,
les dépenses quotidiennes soldées, que deux francs.
Tout en mangeant, il lit *Le Matin*. Tout à coup, il
lève le nez, et, visage rayonnant : « *Le Matin* », crie-
t-il à la ronde, et il s'interrompt, pour rire, « dit
qu'il y a en France 1.5oo.ooo filles-mères ! » C'est, en
effet, un grand progrès et combien drôle ! Un
ouvrier du bâtiment et sa femme — une quarantaine
d'années — ménage sans enfant, voisinent à table
avec un couple d'une trentaine d'années accompagné d'un garçonnet de cinq à six ans ; le dimanche,
la femme, à peine vêtue d'une robe collante, très
courte et très décolletée, allume une cigarette à la
fin du repas et s'écrie : « J'ai *craqué* ma robe ! »
son dernier voile avant la chute. Un dernier couple,
qui accuse la soixantaine, occupe la table voisine.
L'homme, l'air gouailleur, se complaît à tenir,
d'une voix fortement marquée par l'accent des faubourgs de Paris, des propos égrillards ; mais il
abandonne brusquement sa physionomie narquoise
et bon enfant pour rudoyer sa femme, une brave

femme, très simple et très digne, qui avait hasardé une timide réflexion ; la brutalité verbale de l'homme lui arrache une larme, tandis que les autres clients cachent avec peine leur désapprobation. « Je ferai ce qu'il me plaira ! » leur crie-t-il, étalant sa personnalité égoïste et orgueilleuse. « J'ai toujours été libre et j'entends toujours le rester ! » Et, se retournant vers sa femme : « Je veux bien t'accepter, mais à condition que tu ne m'emm... pas ! » Ainsi se réalise, par la libre-pensée, l'émancipation de la femme. L'homme, qui est le plus fort, lui fait sentir la loi de domination du mâle. Au repas du soir, sa femme, prévenante, commence, avant qu'il ait pris son lorgnon, à lui lire le menu : « Ah ! s'écrie-t-il de son ton de commandement, ne me trouble pas la digestion avant que j'ai commencé à manger ! » Et, galant, se tournant aussitôt vers la jeune bonne, sourire aux lèvres et, dans la voix, une caresse : « Marcelle, une tomate ! » C'était au moment (1) où Caillaux lançait son emprunt à coupons variables d'après le change. D'une voix ferme, l'homme déclare : « Caillaux va réussir son emprunt. Le franc va remonter. Je voudrais bien être capitaliste ! Si j'étais capitaliste, je ne travaillerais pas, je ferais travailler les autres ! » Ce politique d'atelier et de cabaret est vraiment admirable de clairvoyance ! Il incarne à merveille le suffrage universel. Dame Opinion affirme à qui veut l'entendre qu'aucune catastrophe ne peut arriver, car « le bon sens français... » Le voilà ! Et cet homme plein de « bon sens » voudrait être capitaliste ! Le resterait-il pendant un long temps ? Et quelles idées fausses ! Le capitaliste est, pour lui, un homme « qui ne travaille pas » : il « fait travail-

1. Septembre 1925.

ler les autres » et s'enrichit illégitimement du fruit de leur travail. Tout le socialisme est là. Les formules en sont devenues courantes. Lorsqu'il les répète, l'ouvrier récite une leçon.

Ce même dimanche soir, la petite table où je dîne se trouve placée tout près d'une porte grande ouverte sur l'arrière-salle. Deux soldats y prennent leur repas. Une vive discussion dont je saisis des bribes se poursuit entre eux. L'un cherche à convaincre de l'excellence du communisme son compagnon qui lui réplique énergiquement et finit par le réduire au silence. Mais la tentative qui échoue auprès d'un soldat réussit auprès d'un autre. Nous constatons ici un fait de propagande communiste dans l'armée, de camarade à camarade.

Un de mes compagnons de l'atelier fréquente, dans le centre de la ville, une pension dont le prix est de sept francs pour la collation matinale et les deux repas ; on lui sert souvent trois plats au même repas et il est très satisfait de la cuisine. Dans une autre pension, le prix est de neuf francs pour la chambre et les trois repas.

Je fais choix d'une pension plus voisine de mon logis, dans le faubourg Jean-Jaurès. On m'avait assuré que le prix était, pour la collation du matin, le déjeuner et le dîner, de huit francs dans la salle des ouvriers et de dix dans celle des employés, puisque ces derniers tiennent à s'isoler des premiers et à se retrouver entre eux, étant de même éducation, manières, langage, costume et genre de vie. Quelque rigueur que la loi déploie à décréter et même à imposer l'égalité, la nature des choses résiste et rétablit les groupes d'après leurs affinités réelles. Je demande au patron si telles sont bien ses conditions. Il prend un air fermé, mystérieux, et, après de prudents colloques avec lui-même tout au fond de son for intérieur, il finit par me dire que tel est bien, en effet, le prix payé par ses anciens pensionnaires, mais que, pour les nouveaux, c'est maintenant un franc de plus. Il consent même à m'accepter parmi ses convives habituels. Le menu d'une salle ne diffère pas du menu de l'autre ; les employés surpaient pour satisfaire leur vanité.

La cuisine est soignée, le menu abondant et varié. Par exemple : — soupe au bouillon gras, œuf sur le plat, bœuf aux choux, salade, fromage ; — soupe au bouillon de viande, cantaloup, choux et carottes à la sauce vinaigrette, rosbif aux pommes, fromage, confiture ; — bouillon, tomates à l'huile, bœuf vinaigrette, ragoût de bœuf aux carottes, fromage, compote de pommes ; — soupe à l'oignon, boudin, côtelette de veau, fromage et compote ; — soupe aux légumes, poisson à la mayonnaise, ragoût de mouton aux pommes, salade, fromage. A chaque repas, de la soupe, une carafe de cidre ou un quart de litre de vin rouge, le pain à discrétion. A midi, café et eau-de-vie. A la collation, un bol de café au lait, avec pain et beurre à discrétion.

Une quinzaine de pensionnaires de seconde zone fréquentent la salle à huit francs (ancien tarif) et neuf francs (nouveau tarif) : un jeune homme de 16 ans, qui écoute et se tait, trois hommes d'environ 40, 50 et 60 ans, tous les autres comptant entre 20 et 35 ans. Ils lisent *La Sarthe*, *Le Journal* et *Le Quotidien*. A l'exception d'un ouvrier du bâtiment, fréquemment pris de boisson et qui parfois, dès midi, a déjà la voix pâteuse et se montre anormalement loquace, les pensionnaires sont, ou des ouvriers d'usine, des métallurgistes, ou des cheminots de l'Etat. Plusieurs sont Bretons. La conversation est généralement animée. Ils parlent d'un ivrogne qui faisait du scandale dans la rue, le soir même.

L'un des jeunes gens déclare : « Plutôt que de me mettre dans des états pareils, j'aimerais mieux ne plus jamais travailler ! » Ils sont unanimes à manifester leur dégoût pour l'ivrognerie : « Ça lui arrive constamment, à ce type-là. Qu'on s'y laisse prendre une fois par hasard, je ne dis rien. Mais, chez lui, c'est une habitude. Il est vrai que c'est un vieux... » L'ivrognerie est tenue pour un vice d'avant-guerre. L'ouvrier du bâtiment — 55 à 60 ans — arrive, presque chaque soir, à demi-ivre; son état se manifeste par une loquacité excessive et peu cohérente, marquée par des difficultés de prononciation et embarras de la langue caractéristiques. Un soir, dès le début du dîner, il s'interrompt de manger la soupe pour aller boire au comptoir ; il revient, se met à parler sans arrêt, d'une voix pâteuse, et, tout à coup, se lève, va tirer les rideaux de la fenêtre « pour qu'on voie clair ! » dit-il ; cependant, la nuit est faite et, dans la salle, l'électricité est allumée. Les pensionnaires sourient.

Un autre jour, leur conversation porte sur les excès de boisson. D'après eux, « l'habitude fait tout ». C'est là une idée à peu près universellement reçue dans les milieux populaires. « Ça dépend aussi des estomacs, dit l'un d'eux. Il y en a que ça retourne tout d'un coup. — J'en ai vu un tomber raide, comme mort. Il a fallu, pour le réchauffer, le f... dans le fumier... le fumier de cheval. — Moi, j'tiens bien le coup! même avec des mélanges ! Et pourtant, y a des mélanges, vous comprenez, qui décomposent les poumons ; ils y mettent comme du vert de gris : c'est comme sur la viande Mais je connais des gens qui boivent de l'alcool à plein verre et ça ne leur fait rien. Je connais comme ça une vieille femme de 100 ans, hein! 103 ans!... — Et moi, un bonhomme de 80. Tous les jours de sa vie, il en a bu. C'est affaire d'habitude... » A la fin du repas, un pensionnaire prend son café et commande à la bonne : « Donnez-moi du pétrole ! (de l'eau-de-vie). C'est de l'essence purifiée... » Une autre fois, un des pensionnaires interpelle un camarade : « Hier soir, t'es rentré à demi *pompé* !... » (ivre).

L'interpellé est un métallurgiste, d'une trentaine d'années, Léonard. « Dimanche, dit-il, je suis allé à la campagne, chez mon frère, on a mangé une omelette aux champignons et une poule. C'que je m'suis *tapé l'gésier* ! » Un mercredi, au repas de midi, il entre, visage creusé, regard morne, teint terreux. « Paraît qu't'étais *noir* (ivre), hier soir ! lui dit-on. — Si tu l'avais entendu, s'écrie un autre, à une heure du matin !... Il remontait la rue Nationale en chantant une de ces tyroliennes ! — Oui !... Ben !... fait Léonard, j'en avais pris, une *tisane* ! (en compagnie d'un autre pensionnaire, qui tirait une bordée depuis trois jours). Arrivé à la Couture... — Si t'avais pris l'virage de la rue des Minimes, interrompt un camarade, t'aurais tombé, place de la République, en extase devant Chanzy ! (1) — P't'être ! Mais, à la Couture, tout remuait autour de moi ! je m'suis dit : il est temps de t'garer ! J'voyais les pavés s'enfoncer et les becs de gaz danser ! Me coucher sur un banc, les flics avec leurs chiens policiers m'auraient ramassé... — T'avais peur d'être dévalisé ? — Quand on entre au poste à dix heures du soir, on n'en sort pas avant dix heures du matin et il y a là-dedans des courants d'air... Alors, j'ai enjambé la grille du p'tit square : il était temps !... Je m'suis réveillé c'matin à quatre heures... glacé... dans une plate-bande, la tête sous un géranium !... » L'assistance, que ce récit met en joie,

1. Dont la statue se dresse au milieu de cette place.

est secouée par un long éclat de rire « ...C'est
une veine que j'aie pas été ramassé par la police !
C'est des coups à attraper la mort : mais j'ai 90 o/o
de bronchite chronique (1) ; il me manque 10 o/o
pour avoir la tuberculose. . Et pour c' que vaut la
vie !... » Les propos se croisent longuement sur
l'aventure nocturne de Léonard. Puis, la conversation se portant sur d'autres sujets, Léonard est
amené à affirmer que, « pour toucher un chèque,
faut qu' t' ayes *un* caution, un compte courant dans
la banque... »

Un mardi, à midi, Léonard n'est pas encore arrivé. Les pensionnaires en parlent en raillant, car,
hier soir lundi, il s'est enivré plus encore que
l'avant-veille. Et le voici qui survient enfin, blême,
les traits tirés, le regard éteint. « T'as les yeux *bar-
rés* ! lui crie-t-on. — Ah ! ne m'en parlez pas ! —
Qu'est-ce que tu *tenais*, hier soir ? —Ah ! j' suis rentré...il paraît qu'il 't'ait trois heures du matin ! J' fai-
sais les montagnes russes ! J'avais beau m'tenir aux
bastingages ! Ah ! quel mal de mer ! Ah ! si j' suis
mal foutu !— T' avais bu des mélanges ! C'est ça qui
t'a rendu malade ! — Ah ! n' m'en parlez pas !... Ça
m'brûle tout le corps ! C'est imprimé là !... (Il désigne de la main son estomac). J'ai la *passe* à moitié
en putréfaction! Si ça continue, ça va m'conduire à
la Morgue ! Encore quinze jours comme ça et j'vas
crever!... Non ! J'peux pas aller travailler c'soir !...
Quel donc jour que c'est ? — Mardi. — Bon ! il
reste cinq jours pour finir la semaine. J' vas les
passer à me reposer et me soigner à la campagne,
chez un brave paysan... — Avec un bon coup de
cidre et tu r'viendras encore sur les genoux ! —
Ah! ça, non !...» Et, renouvelant son serment

1. Allusion aux réformés de la guerre.

d'ivrogne : « Je n' bois plus que de l'eau d' Vitel !...
— Ah ! oui ! lui crie-t-on de toutes parts, au milieu
des rires. Jusqu'à demain ! » Léonard et l'ouvrier
du bâtiment sont les deux ivrognes de la pension :
le premier par accès, fréquents d'ailleurs, le second
par imprégnation quotidienne. Ils sont les plus mal
vêtus et les plus malproprement tenus. Seuls, ils
ont l'habitude de boire à l'assiette le bouillon de la
soupe. Ce même mardi, au dîner, Léonard se sent
à peu près remis de sa grande ivresse : il ne parle
plus de ne pas travailler le lendemain et d'aller à la
campagne pour se soigner ; il a bu de l'eau au déjeuner et il en boit encore au dîner. Le lendemain
matin, il retourne à l'usine. A midi, il recommence à boire du vin en mangeant, mais il jure
toujours qu'il ne s'enivrera plus, ce qui fait rire tout
le monde. Le jeudi, pendant le déjeuner, un camarade fait demander Léonard. « Je ne devrais pas y
aller », dit-il tout en se levant pour se rendre dans
la salle du comptoir. Quelques minutes plus tard, il
rentre. On lui fait avouer qu'il a bu un byrrh-cassis.
On rit et on s'amuse à lui décrire la progression par
laquelle, demain et après-demain, il reviendra à
toutes ses vieilles habitudes.

Le doyen de notre table, un métallurgiste âgé
d'environ 65 ans, a une tête d'officier en retraite ;
avec ses traits fins, son nez légèrement busqué,
les moustaches et la mouche, il semble appartenir
à la génération du second Empire. Il prise. Il écoute
avec bonhomie et garde le silence, comme recueilli
dans ses souvenirs. Il ne s'anime un peu que lorsqu'on parle de pêche à la ligne.

Autour de lui s'entre-croisent les propos les plus
divers. Les parties de manille ou de *zanzi* fournissent une importante matière à conversation. Les com-
mensaux y jouent de l'argent. Ils parlent d'un ancien

pensionnaire dont ils trouvaient les manières un peu
frustes et ils le raillent : « Quand il avait fini, il mettait
son assiette sous la table. Ah ! *il valait l'os !...* »
D'une obligation qui les gêne, ils disent : « C'est la
poisse ! » Un quart de litre de vin, ils l'appellent
une *fillette* ; le petit verre d'eau-de-vie qui suit le
café, c'est la *rincette*. A propos des voyages gratuits
auxquels a droit le personnel du réseau de l'Etat,
les cheminots déclarent : « Nous avons autant droit
à la seconde classe que les bureaucrates (du chemin
de fer) ! Et même plus qu'eux ! Ils n'en f... pas la
rame ! » C'est toujours la même rivalité entre ouvriers et employés. Léonard demande si « Château-
Salins est en Bochie ou en Alsace » ? Ils disent
qu'un cheminot a loué 1.400 francs une petite maison composée de trois pièces et d'une cuisine et ne
marquent aucune surprise de ce prix, qui ne leur
apparaît pas moins normal et justifié que le haut
prix de la nourriture, des vêtements et de leurs
salaires. Le jour de l'ouverture de la chasse, ils se
mettent à parler chasse, chiens, lièvres et perdreaux, en connaisseurs qui font appel à des souvenirs personnels. Le lendemain, en lisant les journaux, ils s'attachent à y relever les prix du
gibier : « Les premiers perdreaux à Paris, ont été
vendus 33 francs. — Ces prix-là, c'est bon pour
des types comme Caillaux !... » Huit jours plus
tard, ils parlent encore de la chasse, d'amis qui
ont tué faisans et perdreaux. Il est très rare que je
les entende tenir des propos égrillards. Léonard
aime beaucoup les vieux quartiers de la ville ; il
y habite : « Il n'y a, déclare-t-il, rien de tel que le
vieux Mans, hein ! pour avoir des chambres spa-
cieuses et bien aérées, hein ! On a tort de le quitter,
hein ! Mais, dame ! le samedi soir, hein ! comme ils
boivent du cidre dans le quartier, hein ! on entend

chanter toute la nuit. » Alors, surgit l'inévitable
hantise des souterrains et les légendes se déroulent :
« Il y a, dit un des convives, un souterrain qui va jusqu'à Ballon. — Et un autre, ajoute son voisin, qui
va à la cathédrale. — Mais le mien, dont je parle,
reprend le premier, conduit jusqu'à Ballon !.. »
(Commune fort éloignée du Mans). La patronne commence à trouver que « le travail se fait rare, partout... » : le chômage, la terreur du monde ouvrier ;
lorsque le développement de la crise monétaire, financière, économique, le fera réapparaître et se gé-
néraliser, qu'est-ce qui sortira de cette crise redoutable ? La catastrophe ou le salut ? Un cheminot estime
qu'avant la guerre on était plus heureux au chemin de fer avec 70 à 80 francs par mois qu'aujour-
d'hui avec 500 ! » Il exagère, car le franc n'a perdu
que les trois quarts de sa valeur (1). Son erreur
s'explique : âgé d'environ 27 à 28 ans, il ne peut
comparer avec exactitude la situation d'avant et
d'après guerre ; avant 1914, âgé de moins de 16 à
17 ans, il était trop jeune pour se préoccuper alors
du coût de la vie et de ses rapports avec l'état écono-
nomique du pays. Aussi, un autre pensionnaire, qui
frise la quarantaine, conteste-t-il son affirmation.
Mais l'autre s'y obstine avec plus de force.

Le journal local donne des détails sur un crime
qui vient d'être commis dans la Sarthe par des
étrangers. « Il y a trop d'étrangers en France ! déclare l'un des convives, on ne devrait pas les y tolé-
rer ! — Et ce crime a été commis avec des cruautés ! Ils ont fait souffrir leurs victimes ! — Je trouve
qu'on devrait les faire souffrir, avant de les tuer,
comme ils ont fait souffrir avant de tuer. T' as

1. En septembre 1925, la livre sterling étant aux environs
de 100 francs, le franc valait vingt-cinq centimes.

cassé un bras : on te cassera un bras ! Comme
dans le temps ! — Compte là-dessus ! Avec la men-
talité d'aujourd'hui ! Quand ils ont déjà supprimé
les bagnes !... » Peu de jours après, ils reviennent encore sur ce sujet. Un cheminot, de 25 à
27 ans, s'écrie qu'on devrait faire souffrir les
criminels avant de les faire mourir. Les autres
opinent pour la simple peine de mort. Ils se montrent tous très nettement partisans de la répression
rigoureuse des crimes. Léonard, faisant alors éta-
lage de ses connaissances en droit pénal, explique
que les condamnés aux travaux forcés font le double du temps de leur condamnation, mais que les
condamnés à la cellule n'en font que les deux tiers.
Et, aussitôt, ils se mettent tous à parler des « chauffeurs de la Drôme » dont ils ont lu les exploits dans
des brochures populaires, des « chauffeurs du Nord »
qui ont fait l'objet d'un feuilleton, et des audiences
de correctionnelle auxquelles ils ont assisté : « Les
condamnations, assure Léonard, c'est réglé d'avance
entre juges et avocats. »

Puis, abordant un autre sujet, Léonard blâme les
frais des noces d'apparat, les grands repas auxquels on invite tous les parents et amis : « Si, par la
suite, vous avez besoin d'un service, il n'y a plus
personne. Ils ne sont bons que pour s'emplir le
ventre. Qu'on se contente donc d'inviter à un repas
ses plus proches parents ! Ça et les frais de la cérémonie à l'église, c'est bien suffisant ! » Cette allusion
au mariage religieux ne provoque aucun commentaire. Le soir du premier jeudi que je fréquente la
pension, je dis à la patronne : « Demain, vous ne
me donnerez pas de viande, mais des aliments
maigres. » La femme parait stupéfaite. Le lendemain, on me présente les mêmes plats qu'aux
autres pensionnaires. Je refuse la viande et je de-

mande un œuf. La servante me l'apporte sans faire aucune réflexion. Mes voisins ne me paraissent pas prêter la moindre attention à cette substitution. Et il en va de même, les autres vendredis. Tous ces gens qui, sous l'influence d'une campagne anticléricale menée par le gouvernement et ses journaux, deviendraient aussitôt violemment hostiles à la religion, se montrent en ce moment tout à fait indifférents à son endroit. Arrachés à l'Eglise depuis des décades d'années par la laïcisation de l'école, de l'Etat et de toute la vie sociale, ils lui sont devenus totalement étrangers. Un jour, j'entre dans la salle pour déjeuner au moment où Gros-Louis disait : « ... Des civilisations, ça disparaît. Vois donc les Chinois dans quel état ils sont tombés... » (Il oubliait de remarquer qu'ils étaient tombés en République et qu'il en était aussitôt résulté l'anarchie). « Et les Egyptiens ? s'écrie Gueule-Cassée. T'as qu'à lire l'Histoire sainte, la Bible... j' dis pas celle des curés et des bonnes sœurs... mais la Bible complète, celle qui coûtait 1.200 francs avant la guerre... Qu'est-ce qu'ils sont devenus, les Egyptiens ? Et la religion d'Abraham ? La religion juive ?... Le catholicisme, c'est comme un schisme de la religion juive... Les protestants et les orthodoxes, c'est des dérivés du catholicisme... » Mais cette conversation n'intéresse personne. Le problème religieux ? Le catholicisme ? Chose morte, comme la civilisation des Egyptiens ! Les propos tombent, le silence se fait. Ils n'éprouvent même plus d'animosité contre le catholicisme : ils en sont si complètement sortis et se trouvent si loin des idées qu'il représente qu'il ne leur semble plus qu'une curiosité archéologique, bonne pour des spécialistes, amateurs de raretés. Et ils abordent d'autres sujets, plus actuels. Un seul avait pu émettre sur les rapports du catholicisme et des religions voisines quelques idées, d'ailleurs erronées : contrairement à ses assertions, c'est le judaïsme talmudique qui est un schisme et une hérésie ; tenir le catholicisme pour un schisme de la religion juive, c'est se rallier à la thèse juive ; on constate donc que ceux des décatholicisés qui ont quelques notions d'histoire des religions en ont été instruits par des maîtres imprégnés de la pensée des Juifs talmudistes ; quant aux protestants et aux orthodoxes, ils ne sont pas des « dérivés » du catholicisme, mais des hérétiques et des schismatiques, c'est-à-dire des produits, soit d'une déformation de la pensée catholique, soit d'une séparation d'avec l'Église.

Gros-Louis a servi sur la flotte avant d'entrer au chemin de fer. Gueule-cassée doit son surnom familier à la blessure grave qu'il a reçue au cours de la grande guerre et dont son visage porte la marque. L'un et l'autre sont âgés d'une trentaine d'années. Souvent, la conversation des pensionnaires porte sur la guerre. « La médaille militaire, dit l'un, y en a qui l'ont achetée, mais pas gagnée. — La croix de guerre, raconte un autre, ils l'ont donnée une fois à un chien de garde parce qu'il avait aboyé en voyant surgir un périscope. — Alors, s'écrie un troisième, c'est le traiter comme un homme ! Ça se devrait pas ! Et puis, la croix de guerre, pour ce qu'ça rapporte ! — La légion d'honneur, ajoute un quatrième, tu verras pas beaucoup de soldats qui l'ont ! Comme ils n'ont pas de *trottoirs* sur les manches !... » Sauf ces petites critiques bougonnes, ils ne tiennent jamais le moindre propos ni contre le militarisme ni contre la guerre ni contre nos préparatifs d'offensive marocaine. Ils se plaisent même à rappeler les campagnes auxquelles ils ont pris part, les batailles dans lesquelles ils ont été engagés, et ils en parlent sans vanité ni forfanterie, mais avec un accent qui trahit leur légitime fierté d'avoir été du nombre de ces combattants. Ils envisagent froidement l'éventualité d'une nouvelle guerre. Léonard, qui est partisan du Cartel des gauches,en plaisante : « A la prochaine guerre, tout ceux qu'auront un bras et une jambe en moins seront dispensés des tranchées et envoyés dans les usines ! C'est là, leur place ! Et aussi dans les chemins de fer ! Ils pourront bien encore pousser les wagons ! Aïe donc ! » Un éclat de rire général accueille ces mots.

Au déjeuner, Léonard nous dit que, la veille au soir, avant de s'endormir, il lisait dans son lit « L'anarchie et la Révolution ». Il n'en nomme pas l'auteur. Il ne provoque aucun commentaire. Un autre jour, la conversation tombe sur les syndicats. Un jeune cheminot — 25 à 27 ans — en parle sur un ton sceptique : « La C. G. T. et la C. G. T. U. peuvent pas s'entendre. Et elles s'entendront pas... » Léonard : « Parce que l'Unitaire fait de la politique ». Le premier : « Et la C.G.T., elle n'en fait donc pas ? Autant que l'autre ! J'avais adhéré à l'Unitaire ; mais quand j'ai vu quelle pantomime c'était là-dedans, j'ai tout laissé tomber, ah ! là! là ! » Gros-Louis : « Ce soir, à leur réunion, *ils* (1) parleront du Maroc. Qu'est-ce que ça a à voir avec nos intérêts professionnels ? » Léonard : « C'est comme lorsqu'ils parlent de Painlevé, d'Herriot...

— Oui, reprend Gros-Louis, qu'est-ce que ça nous fait ? Des histoires de ministères ! Qu'ils nous donnent ce que nous demandons et voilà tout ! —

1. Les communistes. Il s'agit du meeting de la salle du Châlet, auquel j'ai assisté.

Mais, objecte un cheminot (qui paraît âgé de 48 à 5o ans), comprenez bien que, le voulant ou non, vous serez obligés d'en venir à la politique. Par exemple, dans la grève des banques, les grévistes sont obligés d'aller voir le ministre, de négocier avec lui... » A ce moment, la conversation devient des plus confuses ; chacun s'entête dans son point de vue ; l'un tient pour la nécessité de la politique, les autres pour son élimination des discussions professionnelles. Ils ont tous raison sans le savoir : les discussions syndicales devraient être purement professionnelles ; elles devraient se poursuivre à l'écartde la politique ; mais, dans le régime électoral, démocratique, républicain, la politique s'introduit nécessairement partout, il n'est rien qui ne devienne de la politique ; dans ce régime de la confusion universelle, de l'incompétence qualifiée, du désordre, on ne peut s'occuper de la religion, ou de la profession, ou de la voirie, discuter les intérêts ruraux, urbains, provinciaux, nationaux, coloniaux, traiter des problèmes économiques, de science, d'art ou de bienfaisance, sans faire de la politique, parce que, du fait du régime des partis, du fait de l'élection, il n'est considération d'aucune sorte qui ne devienne matière à combinaison électorale, enjeu des partis, et ne prenne ainsi l'aspect, n'offre l'intérêt, la portée d'un problème politique. La réforme professionnelle ne produira ses pleins effets qu'après la réforme constitutionnelle. La politique s'étant introduite partout, c'est, à propos de tout, la question du régime politique qui se pose.

Mes camarades de table parlent, un jour, d'un ouvrier de 65 ans qui s'attend à être congédié de l'usine : « Quand tu ne peux plus *bosser* (1), »

1. Travailler.

dit Gros-Louis, cheminot de l'Etat, « on te f...
dehors ! Voilà l'industrie privée ! »

Voilà l'industrie sous le régime économique
libéral. Il en serait tout différemment sous le
régime corporatif. Quant aux libéralités consenties
par l'Etat lorsqu'il conduit une entreprise, elles ne
lui coûtent pas cher ; peu lui importe le déficit; les
contribuables, taillables et corvéables à merci, en
subissent seuls les effets. Le système peut continuer à fonctionner avec ses inconvénients, d'ailleurs,
lorsque les entreprises d'Etat restent une exception
dans la vie économique de la nation. Mais, lorsque toutes les entreprises sont socialisées, rien
ne peut plus combler le déficit ; l'Etat ruine tous
les citoyens et se ruine lui-même : la banqueroute
termine l'aventure. Le communisme en Russie
rouge escompte à la Banque d'Etat toutes les
traites protestées des industries socialisées et défi-
citaires et, pour boucher le trou, vend à l'étranger
tout ce qu'il a pu réquisitionner de produits agricoles, affamant la population. Et il n'évite que
momentanément les effets d'un appauvrissement
sans cesse aggravé jusqu'à l'effondrement du système.

Gros-Louis est grand, fort, large d'épaules. C'est
un homme à l'encolure puissante, au teint coloré,
au verbe haut, impérieux et bref. Il arrive généralement à table, à midi, avec son *Quotidien.* « Passe-
moi ton journal », lui demande son voisin, un jeune
cheminot de 25 à 26 ans. Gros-Louis, le lui tendant de fort mauvaise grâce, grommelle : « Je l'ai
acheté pour moi. L' garde pas cent-sept ans ! » Ce
« pour moi » est-il assez radical-socialiste ? Quel
magnifique et répugnant épanouissement du *moi*
chez ce *démocrate-socialiste* ! Un autre jour, un
autre pensionnaire lui demande encore le journal.

Gros-Louis le lui passe avec un : « Une demi-seconde ! » qui claque sec. Il ajoute, peu après : « Moi, dans *Le Quotidien*, je ne lis que le feuilleton. » Par le feuilleton, les journaux font passer dans l'esprit de leurs lecteurs combien d'erreurs ! Et ceux-là même qui « ne lisent que le feuilleton » ne peuvent se retenir, au moins de temps à autre, de lire un peu du reste. Un des pensionnaires, tenant à montrer que, loin d'être dupe de ce qui s'imprime, il est fort capable d'en faire la critique, s'adresse à tous les convives : « Moi, je ne crois pas tout ce que je lis dans les journaux ! » Gros-Louis dédaigne si peu de regarder ce qu'imprime, en plus du feuilleton, son journal, qu'il se met à nous lire à haute voix un « fait-divers » du *Quotidien* : « Un inconnu emprunte 15 francs à une caissière, lui laisse 3.500 francs de fourrure en garantie et ne reparaît pas. » Un *tolle* général s'élève : « Qu'est-ce que ça fait au public, ces affaires-là ! s'écrie un jeune cheminot. Ton *canard* ferait mieux de garder son encre et son argent pour acheter de la moutarde ! Plutôt que de nous raconter des histoires de chiens écrasés, que les journalistes aillent donc se mettre le ventre au soleil ! — Des histoires de concierge ! ajoute à son tour Gueule-Cassée. Bientôt, ton *Quotidien* va devenir *Le Petit Journal* !... »

Il y a là la manifestation d'une réaction intéressante du sentiment populaire contre les journaux dits d'information et en faveur des journaux d'idées. Il paraît bien que *Le Quotidien* vise à être *Le Petit Journal* de notre temps. Il y a quarante à cinquante ans, *Le Petit Journal* a popularisé les idées opportunistes et laïques. Depuis un quart de siècle, c'est *Le Petit Parisien* qui popularise les idées radicales et anticléricales. Maintenant, *Le Quotidien* s'efforce de supplanter *Le Petit Parisien*, comme celui-ci a supplanté *Le Petit Journal*, et de populariser les idées radicales-socialistes en frayant les voies aux idées nettement socialistes et athées : de là, sa recherche des faits-divers propres à frapper l'imagination populaire et sa méthode de dilution des idées venimeuses dans le sirop des phrases. Cette mixture sucrée plaît à beaucoup d'innocentes petites gens. On m'a rapporté ce propos : « Je lis *Le Quotidien* parce qu'il est modéré ». Cette feuille affecte, en effet, dans la forme, un certain tour moelleux qui plaît aux âmes bienveillantes et naïves et les ouvre aux plus audacieuses théories. Insinuer, suggérer pour mentir et calomnier, c'est tout l'art de Basile.

La veille de la réunion communiste du Châlet, Gros-Louis, qui a reçu une invitation à y prendre part, conseille aux pensionnaires d'y aller. L'influence communiste s'exerce ainsi de camarade à camarade.

« Les députés se moquent de l'électeur, dit Gueule-Cassée. Devant lui, ils disent d'une façon, et, derrière, d'une autre. Une fois élus, ils changent d'idée. — Pas Buisson ! s'écrie un ouvrier âgé d'une trentaine d'années. Et je l'estime à cause de ça... »

« Voilà Joseph en route pour l'Amérique (1), dit Gueule-Cassée. Il fait mentir le proverbe : tel père, tel fils. Le père Caillaux était monarchiste et ministre de de Broglie qui voulait ramener le roi. Le fils est républicain. Bah ! républicain, c'est une étiquette, rien de plus. Socialiste, c'en est une autre. Je suis pour ceux qui ont des idées et leur sont fidèles. Ainsi, Daudet, eh bien ! en voilà un que j'admets dans son genre ! — Et Poincaré-la-

---

1. Joseph Caillaux était chargé de négocier avec les Etats-Unis au sujet de notre dette de guerre.

Guerre ? » interrompt un cheminot de 45 à 5o ans, lecteur du *Petit Parisien*. «— Pourquoi La-Guerre? —Dame ! il l'a voulue ! il a été en Russie pour chercher à entraîner le Tzar ! — Allons donc ! s'écrie Gueule-Cassée. Personne en France n'a voulu la guerre ! Est-ce qu'on s'y préparait ? — Ma foi non ! avoue l'autre. — Et n'avons-nous pas été victimes de notre bon cœur en reculant de dix kilomètres en arrière de la frontière, en abandonnant de nombreux villages ? — C'est vrai, murmure son contradicteur. Ah ! si Jaurès avait été là ! — C'est Jaurès seul, s'écrie Léonard, qui aurait pu arranger ça!... » Cette affirmation ridicule ne provoque aucune protestation. Trop de choses sensées avaient été dites. Il fallait finir sur une énorme sottise. Léonard et le cheminot avaient récité la fable propagée par les journaux d'extrême-gauche sur le misérable rhéteur qui attira la guerre sur la France comme les pointes attirent la foudre.

Tous les pensionnaires approuvent le projet de loi qui supprime les pensions des veuves de guerre remariées. « Le nouveau mari, déclare Gros-Louis, *fait la foire* avec la pension. C'est la *nouba* ! Les enfants du premier lit n'en profitent pas. Ah ! ils peuvent courir nu-pieds, manger des faillots ou aller chercher au coin de la rue un hareng-saur ! »

Un des jeunes cheminots affirme qu' « il n'y a que Caillaux qui puisse rétablir nos finances » et un autre, un peu plus âgé, l'approuve. « Ah ! là là ! » proteste un jeune cheminot. « — Alors, t'es communiste ? interroge le premier. — D'abord ça ne te regarde pas !... Et puis, non ! je ne le suis pas ! — Alors, t'es d'la Droite ? — Tu m'as p't' être vu aller à la messe ?... Mais ton Caillaux est comme les autres ! — Il ne faudrait tout de même pas le Bloc national ! Tu pourrais dire adieu à ton porte-monnaie ! » Cette réflexion vient en [ligne directe de la campagne du *Quotidien* contre le Bloc national, présenté comme synonyme de vie chère et d'impôts écrasants : les faits ont prouvé que le Cartel était un agent plus actif de vie beaucoup plus chère et d'impôts beaucoup plus ruineux ; mais gouverner c'est prévoir et le suffrage universel ne prévoit jamais les dangers qui menacent; lorsqu'il en est victime, il ne se souvient même plus qu'ils lui avaient été prédits et, le moyen de les éviter, enseigné ; il combat les mêmes faux ennemis, reste fidèle aux mêmes faux amis, qu'il ne quitte que pour en suivre de pires. Les pensionnaires classent de façon aussi simple que claire les partis : il y a le parti qui entend maintenir le présent état de choses ; celui qui veut dégager toutes les conséquences que ses principes et son fonctionnement impliquent ; celui qui, rejetant à la fois cette évolution funeste et ses causes actuelles, prétend restituer à la société nationale la structure harmonieuse et juste qui, conforme à la raison, à l'expérience, à la tradition historique, aux exigences permanentes de la nature humaine, peut seul lui assurer l'ordre, la paix, la prospérité; et, d'instinct, ils placent dans ce parti les gens qui « vont à la messe »... « Lemire n'est pas un curé comme les autres. Il est socialiste », dit un pensionnaire sans provoquer aucune remarque. L'idée d'une popularité si facilement acquise a séduit les esprits superficiels : ils y ont vu le moyen de gagner des sympathies à la religion. Gribouille n'était pas plus naïf. On ne fait pas de l'ordre avec du désordre. Le désordre politique ou social n'est profitable ni aux individus, ni aux collectivités, ni sur le plan naturel ni sur le plan surnaturel, ni au point de vue matériel ni au point de vue moral. Le prêtre qui court cette aventure est fêté et choyé par ses pires ennemis qui l'aident à poursuivre et achever son évolution ; il se sent bientôt pressé de se séculariser par étapes ; serment civique, mariage, schisme, régression dogmatique et morale, on a vu tout cela au temps des Jacobins et on le voit en Bohême et en Russie. Ainsi se complète et s'achève l'œuvre d' « émancipation ». La religion n'est-elle pas une « méthode », comme disent les protestants parvenus à la dernière étape de l'évolution de la « Réforme », les Pécaut, Buisson et quelques autres ?

Léonard interpelle Gueule-Cassée : « Tiens ! toi qui es anti-cartelliste, eh bien ! dans ce patelin-là (il s'agit d'une petite commune rurale de la Sarthe), le Conseil municipal, c'est encore tous des enfants de chœur ! — Je ne sais pas, répond l'autre, si ce sont des enfants de chœur, mais c'est des *nouilles.* Oui, je suis contre le cartel et pour les gens d'ordre, mais pas pour les *nouilles...* »

Le Quotidien annonçant, un jour, que Mgr Ruch, évêque de Strasbourg, déconseille l'emprunt en raison de l'attitude prise par le gouvernement contre l'école confessionnelle, l'anti-cartelliste Gueule-Cassée — qu'on appelle parfois aussi Tête-à-béguin — dit : « Pendant la guerre, il était aumônier du 20e Corps. — Oh ! fait Gros-Louis, je suis bien tranquille, il devait être à l'abri. — Il était, répond l'ancien combattant, en première ligne, sous le feu comme les autres, et dans un Corps d'armée qui prenait part à toutes les offensives. » Gros-Louis ne réplique rien. Les autres aussi se taisent. Peu après, un autre pensionnaire — car ce ne sont que dialogues à bâtons rompus et propos interrompus — dit : « Les bourgeois n'ont qu'une préoccupation, qu'on ne touche pas à leurs capitaux. » Il ne suscite aucune réflexion. Il semble mettre quelque ironie critique dans son propos. Préoccupation singulièrement

légitime cependant et qui coïncide avec la préoccupation du bien public ! Si les capitaux des bourgeois
sont dissipés par l'Etat — l'Etat républicain, modéré
ou radical-socialiste ou socialiste, l'Etat électif, toujours dépensier, prodigue, gaspilleur, dissipateur —
que restera-t-il à l'Etat lui-même dont la richesse
n'est faite que des richesses créées et accumulées par
les citoyens? Et que deviendraient, sans les capitaux
épargnés qui constituent les fortunes privées et ali-
mentent toutes les entreprises, les salariés eux-
mêmes qui ne vivent que de la multiplication des
entreprises, de la prospérité des industries, de l'ex-
pansion du commerce ? Aucun de mes compagnons
de table n'y réfléchit. La crise que la société
moderne traverse est le produit de l'ignorance
et de l'erreur multipliées par les mauvaises passions.

L'Humanité (1) avait annoncé triomphalement la
défaite des Espagnols par les Rifains. C'était — naturellement — une fausse nouvelle. Gueule-Cassée,
qui lit *Le Journal*, dit : « Depuis que l'offensive
marocaine est préparée, avez-vous remarqué comme
le langage de Painlevé, d'Herriot et des autres, dans
leurs discours, a changé ?... Abd-el-Krim, il faut
l'écraser ! — Ah ! non ! proteste un des pensionnaires. — Mais voyons ! il est de mauvaise foi ! in-
siste Gueule-Cassée. — C'est vrai, avoue l'interrup-
teur. — C'est, reprend Gueule-Cassée, un chef de
bande qui a groupé les mécontents. — Mais c'est
une République, le Rif ! s'écrie Léonard sous l'inspiration des journaux d'extrême-gauche. — C'est-à-
dire, explique Gros-Louis, qu'il y a là-bas des tri-
bus et qu'elles ont choisi Abd-el-Krim comme sultan.
Quand j'étais dans la flotte, j'ai vu, dans les ports

1. 9 septembre 1925.

de Chine, des généraux *chinetok* (1) qu'on recevait en grand uniforme pour leur montrer des mitrailleuses. Ils n'en revenaient pas ! Ils ne connaissaient que leurs fusils à balles de plomb, qui portaient à 250 mètres ! Mais, aujourd'hui, les indigènes se civilisent. Ils ne sont pas plus bêtes que d'autres. Ils veulent être indépendants. Les Rifains entendent rester libres. Les pays qui ont des colonies sont condamnés à les perdre. (Simple écho des campagnes anti-coloniales de *L'Humanité* et des idées wilsonniennes du *Quotidien* et des divers journaux de gauche, de toute nuance). Dans les troupes d'Abd-el-Krim, il n'y a pas que des Allemands, il y a des Français, allez ! — La moitié de la Légion étrangère ! affirme le cartelliste Léonard... Bah ! les Espagnols vont donner ! Nous aussi ! Ça va être le grand coup ! — Là-bas, dit Gueule-Cassée, le moral de l'armée française est bon. — Tiens ! s'exclame Léonard, quand il avance de quelques kilomètres, il n'en faut pas davantage au troupier français ! En novembre 1918, quand on a avancé de 14 kilomètres, tout le monde avait des ampoules aux pattes et on a fait 40 kilomètres au chant de *La Marseillaise*! » Et ils se mettent à parler des camps retranchés que les Allemands avaient créés à Metz, Strasbourg, Trèves.

Le lecteur fait aisément le départ des idées fausses que les journaux radicaux et socialistes leur ont inculquées et des idées justes qu'ils tirent d'eux-mêmes, de leur excellent fonds français. Chez eux, l'homme est sain, le citoyen est abêti. La race leur inspire des jugements solides, la politique républicaine leur fait proférer des sottises. Lorsqu'ils échappent à son emprise malfaisante, ils expri-

1. Chinois.

ment des sentiments patriotiques et formulent des propos sensés. Lorsqu'ils retombent sous son empire, ils nous permettent de mesurer les dégâts qu'elle commet, à quel point elle corrompt et désagrège l'âme française.

§ 3. — **Quartiers ouvriers, bals et cinémas.**

Le Mans est une ville calme, apaisante, demi-enveloppée et comme baignée dans la tranquillité des campagnes qui l'avoisinent et l'assiègent. Le Manceau a la finesse normande et l'amabilité, la bonhomie tourangelles. Mais que sont devenus les trésors de notre race après un siècle de jacobinisme, un demi-siècle surtout de République, fille de la tricoteuse de Quatre-vingt-treize !

Le quai de la Sarthe est dominé par l'abrupte colline qui porte, entre la rivière et la promenade des Jacobins, entre la cathédrale et la place de l'Eperon, le vieux Mans, pittoresque et respectable, haut perché, dont réussit à s'emparer la glorieuse armée vendéenne, à l'époque sanglante de notre première Révolution bolchevique. Ses ruelles s'allongent sur la crête, sur les flancs, y serpentent ou s'y accrochent, entre les logis du Moyen-Age et de la Renaissance, aux pignons aigus, aux façades de bois sculptés, aux flancs couverts d'ardoises bleues ; et elles arborent toujours leurs noms séculaires : Grand-Rue, rue de la Truie-qui-file, rue des Trois-Sonnettes, rue Dorée, rue de la Vieille-Porte, rue des Poules, rue des Fossés-Saint-Pierre, place de l'Eperon qui vit, après la défaite vendéenne, des massacres de royalistes et des saturnales républicaines. Sur un coin de la place, s'élève un vieil hôtel du xvii**e** siècle ; Mme de la Rochejacquelin, obligée de fuir, voulut confier son enfant, âgé de quelques mois, aux habitants de cette belle demeure, des bourgeois riches, prudents, égoïstes, qui refusèrent de se compromettre dans cet charitable aventure. Leur bassesse d'âme évoque la mémoire des honorables M. et Mme Sauce, épiciers à Varennes, qui consentirent à recevoir sous leur toit le roi et la reine, mais pour les livrer aux bourreaux. La place du théâtre nous montre un autre aspect de la vieille cité. Sur son piédestal de la colline, surgit dans son admirable ampleur le chœur de la cathédrale : un entassement de chapelles, de nefs et d'arcs-boutants, porte jusqu'au ciel le faîte du vaisseau central ; c'est un prodigieux ensemble de verrières et d'ogives, pareil à une fleur géante, largement épanouie. A ses pieds, sous la terre des talus de la promenade des Jacobins, piétinés par la foule ignorante, s'entassent les ossements de milliers de Vendéens, martyrs de la foi, massacrés par la canaille républicaine en haine de l'Eglise, du roi et de la France.

En revenant à mon faubourg à travers le quartier commerçant, je suis dépassé par deux ouvriers. Ils paraissent âgés de trente et quarante ans. L'un d'eux porte un tuyau de cheminée, en tôle. L'autre lui disait : « Dans notre famille, nous avons tous été bien élevés ; et qu'est-ce qu'il y a de plus beau que d'avoir été bien élevé ?... »

Dans ce pays du cidre et du vin, il m'est arrivé de croiser, par exception d'ailleurs, un homme pris de boisson. Un samedi soir, à huit heures, un facteur — 55 à 60 ans — titube ; le trottoir n'est pas assez large pour lui. Un samedi après-midi, un homme d'une soixantaine d'années, ivre, fait scandale dans la rue ; un autre, du même âge, un dimanche après-midi. Un lundi après-midi, c'est une femme, du même âge également. On remarquera qu'il ne s'agit que de gens asservis à des habitudes anciennes, contractées avant la guerre.

Je n'ai pas découvert d'autre établissement de bains-douches que celui qui est situé au centre de la ville, près de la place Chanzy. Le prix du bain-douche est de 1 fr. 25 et, avec savon et serviette, 1 fr. 85.

Le faubourg ouvrier de l'abattoir, où je demeure, est de construction assez récente. Il occupe une ancienne zone de culture maraîchère, comme l'atteste le nom d'une de ses rues : rue Traversière des Maraîchers. Toutes les villes se sont agrandies aux dépens des terrains qui, à leur abords, dans la plaine, produisaient les légumes nécessaires à leur alimentation. Une longue file de maisonnettes se déroule le long du remblai de la voie ferrée : une palissade de gros pieux noirâtres, un talus de gazon grillé, des piles de madriers ou de traverses de fer, les fils et poteaux télégraphiques, les signaux, le halètement des locomotives, la fuite des trains dans un grondement, des coups de sifflet et des bruits de ferraille, voilà le spectacle quotidien des riverains, l'atmosphère matérielle de leur vie. Mais aussi ils ont, étalé sous leurs yeux, un large espace de ciel, nuageux ou bleu ou étoilé : lèvent-ils parfois leurs regards vers lui et savent-ils voir au delà des nuances fugitives qui le revêtent ? Toutes les rues, comme la plupart de celles des autres quartiers neufs, macadamisées, sont, par temps sec, parcourues par des nuages de poussière que le vent ou un camion soulève en épais tourbillons ; les plus petites rues sont silencieuses et comme mortes. Chacun vit chez soi, dans sa modeste maison close et son jardinet où se retrouve, le soir, la famille dont les liens se fortifient dans la vie commune. Si du moins ces familles se développaient normalement ! Mais ce qui frappe, dans mon faubourg, c'est le petit nombre d'enfants et de jeunes gens : la dépopulation sévit ; produit de la prédication laïque et socialiste, le malthusianisme exerce ses ravages. Le dimanche matin, les volets demeurent longtemps clos ; le repos des habitants se prolonge. Les fenêtres s'ouvrent, une à une, vers neuf heures On voit alors, parfois, le volet poussé, un homme avancer le nez dehors, dire bonjour à la voisine d'en face qui hume le vent et interroge le ciel pour savoir si la journée sera belle. Pendant ces premières heures du matin dominical, par les rues désertes, filent vers la campagne, vers la rivière, les amateurs de pêche, à bicyclette ou à pied ; quelques ouvriers portent des fusils de chasse. A partir de dix heures, les gens circulent ; les femmes vont aux provisions, les hommes entrent à la buvette voisine prendre un café ou boire un verre de vin en potinant avec le patron ou la patronne du débit. Je compte, dans ce quartier, environ deux douzaines de cafés, comptoirs, buvettes ou épiceries-buvettes.

Le faubourg de l'avenue Jean-Jaurès, immédiatement voisin, présente le même aspect : ce sont d'interminables alignements de petites maisons composées d'un rez-de-chaussée avec une porte, une fenêtre, une mansarde, et agrémentées d'un jardin. Toutes ces habitations sont propres, avenantes, baignées de soleil, d'air et de lumière. Chaque famille s'y enferme dans l'intimité de sa vie modeste, éprouve et goûte le sentiment de l'autonomie et de l'unité du foyer, gage d'une moralité plus facile et plus haute. Avenue Jean-Jaurès, sont ouverts un « dancing » et des écoles laïques. Une fête de quartier y groupe quelques tirs et marchands de bon-

bons, deux bals en plein air ; mais il n'y a pas un seul manège mécanique.

Le théâtre des Jacobins n'abrite, en ce mois de septembre, aucune troupe de passage. L'Alhambra, qui lui fait vis-à-vis, vient de rouvrir ; il est réputé pour ses spectacles licencieux ; la population s'y montre encore réfractaire, car il arrive souvent que la salle est à moitié vide. Cette semaine, on y donne *le Collier de Vénus*. Pour se rendre compte de l'immoralité de cette pièce, il suffit de lire les affiches qui, semées à profusion, sollicitent, par un détour dont nul ne peut être dupe, les curiosités malsaines : « Avis. — Voulez-vous connaître les dangers auxquels sont exposés chaque jour certains jeunes gens et certaines jeunes filles ? Voulez-vous nous aider et participer à combattre pour le bien de l'humanité les tares et les vices que nous dénonçons dans *Le Collier de Vénus* ? Telle qu'elle est, cette pièce est une œuvre morale, saine et vécue, *qui doit être vue par tout le monde*... (1) Vu les scènes d'épouvante (genre Grand-Guignol) que renferme le 4ᵉ tableau, la Direction informe les personnes impressionnables qu'elles pourront se retirer après le 4ᵉ acte... » Plus tard, des affiches annoncent la représentation de *Lisa la Honte*, en trois actes ; « Vierge — Etoile — Martyre ». L'affiche proclame : «... Il faut aller voir cette pièce morale. Lisa la Honte est une œuvre, non seulement saine et honnête, mais encore instructive pour les parents et les enfants. Il faudrait que tout le monde puisse voir ce spectacle. »

Un dimanche soir, je me rends au *Ciné* de la place de la République, au centre de la ville. L'assistance se compose, pour les quatre cinquièmes, de

1. Souligné dans le texte.

petits bourgeois, commerçants et employés, et, pour le surplus, de jeunes ouvriers : salle calme, sage, inerte, insignifiante.

Un samedi soir, je vais au *Ciné* de l'avenue Thiers, près de la gare. L'assistance est en majorité ouvrière, fournie par les quartiers Jaurès et de l'abattoir. Le parterre coûte 1 franc et 1 fr. 25 ; le balcon, 3 francs. Tout le parterre est occupé par des ouvriers ; au balcon, le quart des places est occupé par des ouvriers qui, arrivés trop tard, n'ont pu avoir accès au parterre, d'où s'élève parfois un brouhaha discret qui exprime les émotions des spectateurs. Le film est intitulé *L'épervier*, drame de Francis de Croisset. Un jeune ménage, appartenant à l'aristocratie, tire le plus clair de son revenu de la tricherie au jeu. Leurs ancêtres n'étaient-ils pas des coupeurs de grand'route, des pilleurs de villes ? Ils se battaient, rançonnaient, mettaient à sac, et ainsi s'édifiaient leur fortune et leur pouvoir. Ce mensonge historique est celui que répandent les manuels scolaires dans les écoles républicaines. Francis de Croisset, qui est Juif, porte cette fable calomnieuse sur le théâtre, la projette sur l'écran. Que ne parle-t-il des Juifs ? de ses ancêtres et des Juifs de tous les temps ? des grands Juifs de notre temps ? Pendant que le public, savamment modelé par l'école, la presse, la politique, le gouvernement, l'administration, le roman, le théâtre, le cinéma, apprend à salir son passé, à haïr son histoire, à traiter de brigands ceux qui avaient pour fonction de garantir, au risque de leur vie, sa sécurité, les grands vautours de la finance juive, les voleurs internationaux, pilleurs de la fortune publique et des fortunes privées, s'apprêtent, avec la complicité de l'État républicain, du vénal gouvernement démocratique, du suffrage universel corruptible et corrompu, à liquider des nations entières dans la vaste opération de brigandage qui s'appelle la Révolution. Les futures victimes, qui sont loin de s'en douter, travaillent, ignorantes et dupées, à leur propre anéantissement.

Le lendemain dimanche, je retourne, le soir, au même cinéma. Les spectateurs sont un peu moins nombreux que la veille ; on y remarque beaucoup d'ouvriers, mais un moins grand nombre en casquette. Ils peuplent le parterre, où je me suis installé ; beaucoup sont fort bien vêtus, quelques-uns avec une certaine recherche d'élégance ; d'autres, très rares, ont gardé une tenue négligée ou pauvre ; deux hommes, notamment, à qui les péripéties du film font pousser de bruyantes exclamations. Le reste de l'assistance demeure calme, réservé, n'exprimant ses sentiments qu'à de certains moments par un léger murmure. Ce public populaire de province est très différent de celui de Paris. Ici, on ne surprend que l'expression contenue de ses impressions, parfois traduites à mi-voix à peine et fondues dans un brouhaha discret. L'apparition de Mussolini sur l'écran ne suscite, pas plus que la veille, la moindre manifestation de sympathie ou d'antipathie.

§ 4. — Les journaux et la propagande révolutionnaire.

Le marchand de journaux de mon quartier vend, chaque jour, tous les numéros de *L'Humanité* qu'il reçoit — douze — et presque tous les *Quotidien* qu'il met en vente : quarante-huit.

Dans le centre de la ville, on trouve un petit hebdomadaire local, cégétiste, *La République*

Sociale, journal des deux députés socialistes du Mans. Voici quelques échantillons de son style et de ses idées. Dans un grand article, intitulé « L'homme et l'idée », (1) on lit : « Depuis le clair matin de sa prime jeunesse, l'homme chemine à côté de l'idée sur la route qui mène vers les sommets... L'Idée, c'est le Rêve... L'Idée, c'est l'Action... L'Idée, c'est la Douleur. Et le choc se produit. Parmi les aboiements, l'homme se débat, cravache et fait reculer, en désordre, sous les yeux clairs de l'Idée, les hyènes terrifiées. Et l'Idée passe, sereine, méprisante, portée à bout de bras par l'homme, qui l'a sauvée de la boue. Et l'homme, avec une brève flamme de mépris dans le regard, droit comme une lame de pur acier, fait triompher l'Idée ». Un autre article prétend dégager « la leçon de Sedan ». Les mutilés de guerre, réunis en congrès à Sedan, « viennent de donner une leçon aux braillards qui... prononcent des discours belliqueux. » En effet, « ils ont posé le problème de la paix ». Ils l'ont même résolu : après avoir, « en termes clairs, marqué tout d'abord qu'ils y croient, eux, à la Société des Nations », ils ont demandé, « par un vœu fortement charpenté », que « la nouvelle institution... soit dotée d'un corps de police international destiné à faire respecter ses sentences. Ainsi, disent les mutilés de guerre, les décisions de la Société des Nations seront obligatoirement obéies et la paix mondiale sera mieux et plus définitivement assurée ». Et voilà comment votre fille cessera d'être muette. On ne peut pas plus élégamment résoudre le problème : il suffit de le déclarer résolu. Ajoutons que *La République sociale* mène le bon combat anti-clérical et anti-religieux. Elle s'inquiète de

1. 6 septembre 1925.

savoir ce « que devient le général jésuite de Castelnau » (1) et, dans sa « Chronique du Mans et de l'œil de bouif», elle raille un sacre d'évêque et une cérémonie de première communion (2).

Mais cet hebdomadaire local n'est lu que par quelques militants et politiciens. L'opinion est fabriquée par les journaux d'extrême-gauche dont Paris inonde la province ; et voici ce que je relève, à cette époque, sur les deux feuilles qui inspirent la classe ouvrière.

Le Quotidien affirme que l'exposition des arts décoratifs — déballage d'incohérences, d'horreurs, d'ébauches négroïdes et de fantaisies barbares — « marque une étape heureuse dans l'évolution de l'art moderne » (3). Le conflit entre l'Angleterre et la Turquie à propos du vilayet de Mossoul étant entré dans une phase aiguë, *Le Quotidien* déclare, avec un magnifique dédain pour la vérité, qu'il s'agit d' « un pays marécageux, malsain et pauvre : et s'il y existe des gîtes d'huile minérale, ce ne sera pas le simple citoyen qui en retirera le bénéfice, mais bien les rois du pétrole » (4). Quelques jours plus tard, « La Société des Nations ayant demandé l'avis de la Cour de Justice de La Haye, la Turquie et l'Angleterre reprennent leur liberté d'action » : c'est ce que *Le Quotidien* appelle « une séance dramatique au Conseil de Genève » (5). Il se garde bien d'en dégager la seule conclusion qui s'impose, qui est l'impuissance de la Société des Nations à résoudre pacifiquement un conflit international. Loin de là ! Pierre Bertrand chante son « invincible espoir », il exulte

1. 13 septembre 1925.
2. 13 septembre 1925.
3. 15 septembre 1925.
4. 14 septembre 1925.
5. 20 septembre 1925.

parce qu'un discours de Painlevé, « prononcé à Genève..., a soulevé l'enthousiasme de l'Assemblée » et qu' « une partie vraiment forte de son discours... établit... que le but est plus proche, que l'œuvre grandiose se poursuit... Ce n'est pas assez de dire que les magnifiques espérances persistent. Elles deviennent plus proches... Le pacte de la Société des Nations... apporte au monde la promesse d'une paix perpétuelle... » (1). C'est avec des berquinades de ce genre qu'on conduit les peuples aux plus effroyables carnages. En première colonne de la première page, *Le Quotidien* donne un fragment du discours de Painlevé sous ce titre : « La France veut la paix. » Malheureusement, la France ne fait pas la loi au monde. Il ne suffit pas de vouloir la paix pour la réaliser : pour l'imposer, il faut la force. On songe avec effroi à l'atmosphère d'illusions dans laquelle ce journal plonge le public. Puisque la paix est proche, l'armée est superflue : aussi *Le Quotidien* enregistre-t-il (2) avec satisfaction le conseil donné par les experts américains chargés de rédiger « un rapport sur la capacité de paiement de la France ». Ils « concluent qu'il ne faut rien exiger de la France pour le moment », et ils lui conseillent de « réduire ses dépenses publiques, particulièrement celles d'ordre militaire ».

A l'inverse, pour en accroître les ressources, l'expert *Quotidien* conseille aux hommes d' « organiser leurs loisirs » et, au Parlement, de « faire un budget démocratique ».

Conseiller à chacun de travailler davantage et de réduire ses dépenses pour reconstituer les richesses détruites par la guerre, voilà qui est trop simple,

1. *Le Quotidien*, 8 septembre 1925.
2. 15 septembre 1925.

trop banal et trop « réactionnaire ». *Le Quotidien* préfère ouvrir à ses lecteurs des perspectives enchanteresses sur l'abondance de loisirs qui les attend et l'art d'en tirer parti. Bientôt, grâce à l'utilisation de la force électrique, « le monde jouira de loisirs inconnus jusqu'ici à la plupart des humains... Contrairement à ce qui se passe aujourd'hui, la somme des heures de loisir excédera celle des heures de travail. Et c'est alors... ces loisirs qu'il faudra organiser. Or, j'ai très peur qu'à ce moment les hommes, et surtout les races occidentales, les races dont la civilisation est issue du christianisme, ne soient très mal préparées à ce nouvel état de choses, parce que leurs habitudes, leur hérédité, leur formation morale ont assez bien réussi à les dresser à souffrir, non à jouir. Car toute notre éducation, depuis deux mille ans et davantage, a eu pour objet de nous enseigner à supporter le mal et la douleur, même à les envisager comme une sorte de bien dissimulé, destiné à nous assurer le bonheur dans une autre existence, éternelle, celle-ci. Elle nous a peu appris, ou pas du tout, à profiter du plaisir... » (1) L'éducation laïque nous l'apprendra ! Vive le plaisir ! Nous n'en sommes plus à compter les méfaits du christianisme ! Il nous guérissait du péché de paresse et nous apprenait à supporter la souffrance : double science d'une parfaite vanité, puisque nous entrons dans l'ère paradisiaque où, la douleur disparue et le travail devenu une occupation accidentelle, nous devrons être dressés à satisfaire tous nos désirs de jouissance.

La richesse nationale se reconstituera et se développera, non seulement par l'accroissement et l'or-

---

1. *Le Quotidien*, 16 septembre 1925, article de Pierre Mille.

ganisation de nos loisirs et de nos plaisirs, mais encore par l'établissement d'un budget vraiment « démocratique ». Pierre Bertrand attaque vivement le Sénat qui prétend s'opposer « à l'augmentation de l'impôt sur les grandes fortunes » et « à la création de l'impôt sur les biens oisifs » (1). Il n'y a aucun inconvénient à imposer collections et œuvres d'art, livres et meubles anciens, bijoux, tableaux et autres « capitaux oisifs » (2). La République n'a pas besoin d'artistes, d'hommes de goût, de gens cultivés, d'amateurs éclairés. Ni de savants, disaient déjà les Bolchevicks de 1793. « La criminelle folie du Bloc national, en accablant la France... de charges écrasantes, l'a privée de sa liberté d'action. Mais c'est fini... La nomination de M. Malvy par toutes les voix du Cartel à la présidence de la commission des finances atteste la volonté des représentants directs du pays. *Ils feront un budget démocratique et le maintiendront.* Le Sénat devra se soumettre (3). » Faire un budget démocratique, c'est « prendre l'argent où il est », comme l'ont proclamé, à la Chambre, les socialistes, c'est-à-dire le prendre dans la poche de ses légitimes propriétaires. Ceux qui ont travaillé, gagné, épargné, en sont bien punis : leurs biens, l'Etat s'en empare, car « la richesse..., sociale dans sa source..., doit être sociale dans sa destination. » (4) et « c'est la grande loi de la vie qui donne le régime démocratique comme terme dernier au progrès des sociétés, » (5) — Ce n'est pas le travailleur épargnant qui gagne une fortune : c'est la société qui la lui acquiert. Elle la reprend. Et voilà

1. *Le Quotidien*, 17 septembre 1925.
2. 15 septembre 1925.
3. 16 septembre 1925.
4. 14 septembre 1925.
5. 7 septembre 1925.

le régime démocratique. Il apparaît au terme de l'évolution des sociétés, lorsqu'elles atteignent la vieillesse, se désagrégent et meurent. La démocratie, c'est leur dernière maladie, qui les tue.

« La richesse, sociale dans sa source, doit être sociale dans sa destination. » Cette formule résume la doctrine socialiste de la propriété. Les radicaux-socialistes sont les fourriers des socialistes. *Le Quotidien* travaille pour le compte de *L'Humanité*, qui se hâte pour en recueillir la succession. Paix universelle et suppression des armées, organisation des loisirs et vie de fête perpétuelle dans la richesse pour tous : *Le Quotidien* vaticine ce riant avenir de démocratie joyeuse, que *L'Humanité* s'apprête à réaliser d'après le modèle russe.

L'Humanité s'efforce à inspirer horreur et haine pour les pays qui ont réussi à échapper à l'étreinte communiste. Elle ouvre une rubrique spéciale sur « la terreur blanche en Pologne ». Elle imprime que « la torture des prisonniers politiques continue » : un ouvrier « a été martyrisé et torturé pendant *sept heures sans interruption*, » les détenus sont « bâtonnés sur la plante des pieds», après quoi, « les bourreaux versent dans la bouche de ces martyrs l'urine bouillante et préalablement salée » (1), et autres détails rocambolesques. La Bulgarie a subi « deux années de terreur blanche » : elle recourt à « l'assassinat politique comme moyen de gouvernement » (2). Ce qui y règne, c'est « la grande épouvante : tortures, assassinats, exécutions, massacres (3)». (Il ne s'agit que des sanctions judiciaires portées contre les auteurs de l'explosion de la cathé-

1. 16 septembre 1925.
2. 18 septembre 1925.
3. 20 septembre 1925.

drale, qui tua plusieurs centaines de personnes).
L'Humanité dénonce même l'existence de « la terreur blanche internationale ». Au-dessous d'un
dessin qui représente l'horizon hérissé de croix et
de gibets, elle inscrit ce dialogue entre un « mon-
sieur » à haut de forme et un « homme » en casquette : « Il y a donc des communistes partout ?—
Oui, bourgeois ! Partout où il y a des opprimés ! » (1).

Le Rif est une victime de « l'impérialisme » des
Etats bourgeois. La France en a entrepris « la conquête pour le compte d'Alphonse XIII et du Syndicat minier franco-espagnol » (2). Les nouvelles
marocaines sont quotidiennement données sous le
titre général : « A bas la guerre du Maroc ! », que
renforcent des sous-titres variés : « Après le débar-
quement dans la baie d'Alhucemas, voici l'offensive
française sur tout le front. L'heure est venue pour le
prolétariat français d'empêcher l'impérialisme d'as-
sassiner le Rif (3). » Nous n'avons pas lieu de nous
glorifier de nos succès : « Ce qu'a été au juste la
« victoire » française sur l'Ouergha : avec 60 canons,
des tanks et trois brigades, le Général Billotte a
« battu » environ 600 dissidents » (4). Ces « vic-
toires » sont ruineuses : « l'aventure impérialiste du
Maroc a coûté déjà au prolétariat plus d'un milliard
et demi » (5) et « les profiteurs de la mort renou-
vellent au Maroc leurs exploits de la guerre mondiale » (6).

Contre l'impérialisme et les guerres qu'il en-

1. *L'Humanité*, 20 septembre 1925.
2. 5 septembre 1925.
3. 11 septembre 1925.
4. 14 septembre 1925.
5. 18 septembre 1925.
6. 20 septembre 1925.

gendre, les communistes invitent les ouvriers à manifester par une grève de vingt-quatre heures : « Peuple, prends garde ! démontre par la grève de vingt-quatre heures que tu veux la fin des guerres impérialistes » (1), mais non pas des guerres rouges que la République des Soviets prépare et dont on se garde de souffler mot. La consigne est de déclarer la guerre à la guerre et de faire croire au peuple que la Révolution amènera la paix universelle. Quelle doit être l'attitude de « la jeunesse devant la guerre ? » André Marty nous l'apprend : «... La plus efficace de ces actions (contre le gouvernement capitaliste) est l'insurrection des soldats... Cette action, elle appartient à la jeunesse ouvrière et c'est la jeunesse communiste qui a la lourde tâche de la guider... C'est le rôle de la jeunesse communiste d'aller dans les usines et les champs pour parler aux jeunes exploités... C'est surtout son rôle de leur apprendre que, parce que la bourgeoisie leur met sur le dos une capote bleue ou kaki, leur cœur doit rester le même, doit rester celui d'un ouvrier et, par conséquent, les armes dont la bourgeoisie les gratifie... doivent toujours être à la disposition du prolétariat... Il suffit d'un seul jeune communiste dans un régiment ou sur un bateau de guerre pour qu'à bref délai la majorité de ses camarades soldats ou marins deviennent, non pas des pacifistes qui jetteront leurs armes, mais des révolutionnaires qui les donneront aux travailleurs... (2) »

Même les « postiers », « tous les postiers de la Seine doivent se préparer à l'action contre l'impérialisme » (3).

1. 20 septembre 1925.
2. *L'Humanité*, 2 septembre 1925.
3. *L'Humanité*, 19 septembre 1925.

Les citadins souffrent du prix élevé des produits de la terre : « Devant les hausses menaçantes, la réquisition s'impose... Réquisitionnez les récoltes ! » (1)

Et comment, maintenant, mobiliser les paysans dans l'armée révolutionnaire ? En promettant aux salariés agricoles et aux petits propriétaires le partage des moyens et des grands domaines : « Paysans ! la ruine de l'économie rurale commencée par la guerre continue à opprimer et opprimera longtemps encore les larges masses paysannes du monde entier... La grande majorité des paysans ne possède que des parcelles insignifiantes de terre et le plus souvent ce qu'ils produisent ne peut suffire aux besoins de leurs familles... Le petit paysan n'amasse rien ou à peine. Il est presque toujours dans la misère, sans crédit, manquant d'argent et de semences... » (2). Et voilà l'appel aux convoitises !

L'Humanité y ajoute le tableau des séduisantes « perspectives de l'économie populaire de l'U. R. S. S. pour 1925-1926 » (3). Cinq colonnes du journal lui sont consacrées ; le texte encadre une vue du Kremlin, de deux maisons en style bolchevick, d'une maison de repos pour ouvriers, d'un train de bois sur la Néva et d'un rouble en argent. L'agriculture atteindrait 87 o/o de la production de 1913 ; l'industrie passera de 70 à 94 o/o et la « production du combustible et de l'énergie dépassera la production d'avant-guerre ». L'activité commerciale arrivera à 81 o/o de celle de 1913. « Comparée à 1913, la circulation des marchandises sera de

1. *L'Humanité*, 16 septembre 1925.
2. *L'Humanité*, 9 septembre 1925.
3. *L'Humanité*, 13 septembre 1925.

8o o/o ». Par rapport à 1924-1925, « l'exportation sera presque triplée » et l'importation augmentera de 53 o/o. Le nombre des ouvriers s'accroîtra de 20 o/o par rapport à l'année en cours et leur rendement de 10 o/o. Les salaires seront accrus de 19 o/o dans la métallurgie et de 23 o/o dans les mines, et, « grâce à la diminution du prix des denrées » ils seront accrus réellement de 32 et 35 o/o. « Les salaires atteindront ainsi leur niveau d'avant-guerre. La masse monétaire doublera presque... Les comptes courants doubleront également... En deux ans, le commerce de l'Etat et des coopératives a doublé, le commerce privé a subi une certaine diminution... Lentement, mais sûrement, nous avançons vers le socialisme, un socialisme réel et non verbal...» Telle est l'apologie de ce qui *sera* l'an qui vient : demain, on rasera gratis. Pour savoir ce qui *est*, nous n'avons qu'à consulter *La Russie sous le régime communiste*, rapport publié (1) sous la direction de Fedoroff, sur l'état actuel de la Russie d'après les documents officiels des Soviets. La situation est simplement effroyable. Le salaire de l'ouvrier s'élève à moins de 5o o/o de celui d'avant-guerre. La production industrielle n'atteint que le quart de celle de l'empire des tsars. La veuve de Lénine écrit qu'il y a en Russie sept millions d'enfants abandonnés ; la dépravation des mœurs, enseignée aux jeunes enfants à l'école et encouragée, dépasse tout ce qu'on peut imaginer; l'avortement est officiellement pratiqué et facilité ; la guerre civile et la famine ont fait 11 millions et demi de victimes, chiffre officiel des Soviets, très inférieur à la réalité. Des 175 millions d'habitants que comptait la Russie en 1914, — diminués de 1 million et demi de

1. A la Nouvelle Librairie nationale, 1926.

tués au cours de la grande guerre et de 3o à 35 millions d'habitants des régions devenues indépendantes, par conséquent ramenés, au début de la Révolution bolchevick, au chiffre approximatif de 140 millions, — il reste aujourd'hui, d'après les statistiques officielles de Moscou, environ 100 ! La Terreur rouge a fait périr plusieurs millions de Russes ; le froid contre lequel on ne lutte plus, la sous-alimentation, le manque d'hygiène, de médecins et de médicaments, ont causé l'apparition et le déchaînement d'épidémies effroyables : le typhus exanthématique a fait 8 millions de victimes ; la fièvre récurrente, 5 millions ; le paludisme qui s'est répandu dans toute la Russie jusqu'au cercle polaire, encore davantage. Ajoutons qu'en l'absence de toute épidémie, la mortalité est très supérieure à la natalité. Le bolchevisme est en train de faire de la Russie un immense cimetière. Combien y a-t-il de Français qui connaissent ce bilan du communisme ? Combien d'ouvriers ?

L'Humanité nous parle cependant de « la Russie libératrice des peuples » (1). Elle combat aussi énergiquement que toutes les autres conceptions politiques et sociales la C. G. T., qu'elle accuse d'être « fermée à toute conception révolutionnaire » (2). A la veille de la « conférence nationale du Parti » (communiste), *L'Humanité* (3) consacre toute une page à un manifeste du « C. C. du P. C. F. » (Comité central du Parti communiste français), « Pour le développement du recrutement dans notre Parti », et à une longue instruction sur « le rôle du

1. 14 septembre 1925, à propos des « Atrocités du fascisme bulgare ; le trio Tsankoff-Mussolini-Wrangel ».
2. 14 Septembre 1925, à propos du « Congrès de Japy ».
3. 17 septembre 1925.

Parti dans le comité central d'Action », rédigés l'un et l'autre en style bolchevick.

« Le C. C. du P. C. F. » déclare : « Nous ne devons pas oublier que notre Parti doit être un parti de masses. Chacun d'entre nous doit se sentir responsable, devant l'I. C. (Internationale Communiste) et devant la Révolution mondiale, de l'organisation des travailleurs de son entreprise. » Faisant « le bilan d'une année », le Comité central du P. C. F. constate que « les C. U. P. (comités d'union prolétarienne), les Congrès ouvriers et paysans d'où sont sortis renforcés les Comités d'Action, les Comités des Veuves et Mères, les Amis de l'Ouvrière, le Comité de défense des usagers, sans grouper jusqu'à présent de très larges masses, ont étendu notre sphère d'attraction parmi des couches de travailleurs qui nous ignoraient ou même parfois nous craignaient ». Mais ce progrès est loin de suffire et le Comité, envisageant « le travail à accomplir », donne ses instructions, qu'il appelle dans son jargon des « thèses », sur « la campagne de recrutement ». Ayant tracé « le schéma » de cette « campagne », il fait appel, pour sa réalisation, à « la section d'Agit-Prop » (c'est-à-dire d'Agitation-Propagande) et à « la section d'Agitation et d'instruction » ; il formule ses « directives » aux « Régions », « Rayons et Sous-Rayons », « Cellules ». Par exemple, pour celles-ci : « Systématiquement organiser la campagne devra être le but principal de la cellule dans son travail préparatoire. Le Bureau de la cellule doit veiller à ce qu'à chacun des membres soit attribuée une tâche (diffusion du matériel, tracts, brochures, papillons, articles de presse, travail individuel auprès des sympathisants, journal d'usine)... Dans une campagne de recrutement, la propagande individuelle auprès des sympathisants joue un rôle de premier plan. »

Le Parti doit jouer un rôle actif dans le Comité d'Action. Le Congrès de Paris venait d'élire un « Comité central d'Action » et, les congrès régionaux, des « Comités régionaux d'Action ». Quel est le rôle de ces comités ? « Le Comité central et les Comités régionaux d'action, organismes élus par les représentants directs des ouvriers et des paysans..., sont chargés de développer une agitation profonde et de mener une action sérieuse, engageant les groupements participants... Les Comités locaux d'action doivent surtout se consacrer à la création, dans chaque entreprise (usine, mine, chantier, etc..) de leur localité, d'un Comité d'unité prolétarienne », relier ces comités et constituer, en outre, « des Comités de petits commerçants, des Comités de défense paysanne, des Comités de veuves de guerre et de mères, etc... Les C. U. P. (Comités d'unités prolétariennes) doivent être considérés comme les embryons des futurs conseils d'entreprise dont le développement assurera une base nouvelle au mouvement syndical des masses ». Quant au Parti communiste, il participe au Comité d'action par « application de la tactique du front unique dans l'une des formes déterminées par le Congrès de l'I. C. » (Internationale communiste), et, d'après les « Thèses » de son Vᵉ Congrès, « l'influence de l'avant-garde communiste » doit s'exercer « dans les luttes quotidiennes de la masse ouvrière » pour l'« orienter sur la révolution », l'entraîner « au combat », la préparer à « l'assaut à la bourgeoisie ». En outre, la tactique du front unique consiste « à gagner progressivement à notre cause les ouvriers social-démocrate et les meilleurs des sans-parti, mais en aucun cas à

rabaisser nos objectifs au degré de compréhension
de ces ouvriers ». « Il ne faut laisser échapper aucune occasion de créer, dans les masses ouvrières
même, des points d'appui d'organisation (conseils
d'usine, comités d'action, etc.) ». Les communistes
noyautent les cégétistes comme les usines : « Les
fractions communistes au sein de l'organisation
syndicale à tous les degrés doivent agir en faveur
du Comité d'action... Elles doivent s'assurer que
tous les mots d'ordre du C. A. soient bien apportés
aux assemblées générales des syndicats et que les
tâches qui en découlent soient bien exécutées dans
les masses. Les communistes, organisés en cellules, doivent travailler au sein des usines à la constitution des comités d'unité prolétarienne en faisant une propagande méthodique sous toutes les
formes... »

Ce programme est complété quelques jours
après (1) par l'exposé des « Thèses sur les questions
d'organisation soumises sous forme de résolutions à
la Conférence nationale du P. C. F. » Elles occupent
quatre colonnes du journal. Elles visent à substituer
complètement à l'ancienne organisation par sections
la nouvelle organisation par cellules et à relier inti-
mement la vie des cellules à la vie du Parti. Déjà,
« dans certains centres, les cellules ont nettement
assumé le travail du Parti », ce qui a eu pour effet
de le « rapprocher des larges masses ouvrières
sans parti.... Partant de cette expérience, la Conférence nationale invite les régions à continuer énergiquement... la transformation de leurs organisations
sur la base des cellules ». On devra s'attacher à
donner aux cellules « une vie politique » ; lorsqu'elles
fonctionnent mal, c'est « parce qu'elles n'ont pas une

____

1. 20 septembre 1925.

vie politique assez intense... et par suite un grand nombre de leurs membres restent inactifs et ne participent pas au travail quotidien du Parti ». L' « essor du Parti » et « la mobilisation des grandes masses » restent impossibles « si les cellules ne s'assimilent pas les mots d'ordre » du Parti. Par conséquent, « il faut rapidement arriver à ce que les cellules se sentent parfaitement partie constituante du Parti, participant à tous ses actes et manifestations et réalisant toutes ses tâches. » De là, la nécessité de mettre l' « activité des organes dirigeants » en « liaison » avec l'activité des cellules : « La Conférence juge utile l'organisation de réunions de secrétaires de cellules en des conférences spéciales où ceux-ci, ainsi que les propagandistes, les orateurs, recevront les instructions nécessaires. » La Conférence « juge nécessaire... que toutes les cellules des grandes et moyennes entreprises aient leur journal » (journal d'usine). Les « cellules de rue » sont constituées par « les camarades ne travaillant pas dans les entreprises (ménagères, concierges, artisans, petits commerçants, représentants de commerce, professions libérales, etc.) ». Le rôle du « sous-rayon », du « rayon », des « fractions communistes », et leurs rapports avec les « Jeunesses communistes » ayant été définis, la Conférence conclut en soulignant la double nécessité de la « bonne structure » du Parti et du caractère communiste de sa politique : «... L'organisation ne peut remplir sa fonction que si la politique du Parti est communiste », et, « inversement », cette politique « n'est durable que si le Parti est construit de telle sorte qu'il puisse la mener dans la masse ouvrière ».

Il s'agit donc, en septembre 1925, de perfectionner, de renforcer et d'étendre une organisation déjà réalisée l'année précédente. Son importance et son activité ressortent du tableau des « convocations » que *L'Humanité* publie quotidiennement à sa quatrième page. Par exemple, le 15 septembre 1925, toute une colonne est consacrée aux convocations, pour le soir même, des « organisations centrales », des « fractions communistes », des « rayons », des « rayons-jeunesse », des « cellules », « des groupes d'enfants », des « syndicats », des « comités d'action », de l' « A. R. A. C. » (Association républicaine des anciens combattants), des « coopératives », des « locataires », de « divers ». L'heure et le groupe sont indiqués ; le lieu est presque toujours désigné par la formule mystérieuse : « au lieu habituel ». Mais on peut relever de brèves indications, comme : « Réunion des agitateurs, à 19 heures, 120, rue La-Fayette », siège du Parti communiste. Ou : « 6e rayon. Les cellules suivantes seront visitées par les élèves de l'Ecole de huit jours, à leurs lieux habituels... »

Cette rapide analyse des journaux lus par les ouvriers permet de se rendre compte des idées qui, sous cette influence, s'élaborent dans leur pensée et des passions qu'ils y déchaînent. *Le Quotidien* les conduit à *L'Humanité* qui les livre au régime de gorilles dont la Russie meurt. Les communistes sont les chefs de file de la classe ouvrière. Leurs organisations se ramifient dans tout le corps social et noyautent jusqu'aux syndicats cégétistes eux-mêmes, prêtes à s'emparer de la société tout entière si la puissance publique ne sait pas la défendre. L'activité de ce redoutable système, nous en avons surpris les manifestations secrètes à l'usine et les manifestations publiques en ville. Tandis que les syndicats chrétiens d'hommes et de femmes possèdent un immeuble convenable dans le centre de la ville et les cégétistes une « Maison du Peuple » très pauvrement installée dans des locaux laids et exigus et dans un faubourg, les Unitaires se contentent de se réunir au café-restaurant « Chez soi », rue Courthardy, près de la place Chanzy, au cœur du Mans : partout invisibles et présents, ils n'ont besoin de rien de plus que de lieux de rencontre discrets et sûrs. Pendant mon séjour, des affiches rouges sont apposées en ville et dans ses faubourgs. Elles émanent du « Comité local d'action : Parti-communiste, C. G. T. U., Arac, Jeunesses communistes », et sont adressées « Aux ouvriers manceaux, à tous les travailleurs honnêtes ». Cet appel est surtout dirigé contre la C. G. T., contre « toutes les trahisons des chefs socialistes », traités de « larbins de la bourgeoisie » et de « fascistes », et aussi contre « le guêpier marocain », en faveur des « travailleurs à nouveau sacrifiés au capital colo-nial », « contre la guerre que vous subissez, contre celle qui vient », « contre toutes les dictatures » (sauf, évidemment celle du prolétariat bolchevisé). A la conférence communiste du Châlet, sont convoqués les « travailleurs de toutes corporations, ouvriers, employés, fonctionnaires », pour « lutter efficacement contre les impôts nouveaux, les plans d'esclavage Dawes qui vous menacent, le fascisme, les guerres », et en faveur de « l'augmentation des salaires, la défense des huit heures, les salaires en francs-or et l'échelle mobile, l'amnistie intégrale ». Dans la salle du meeting, se vendent *L'Ouvrière, journal des travailleuses publié par le Parti communiste* (1), qui fait campagne en faveur de « la grève de vingt-quatre heures » contre la guerre du Maroc, et *L'Avant-garde ouvrière et communiste* (2), qui

1. 10 septembre 1925.
2. 1ᵉʳ-15 septembre 1925.

exalte « les marins du *Courbet* et du *Paris* », mutinés et condamnés par le Conseil de guerre, en même temps qu'elle invite les soldats français en guerre contre Abd-el-Krim à « fraterniser avec les Marocains ». Nous avons vu quelle physionomie le meeting du Chàlet avait offerte. Rappelons les paroles caractéristiques du meneur envoyé de Moscou : « Les camarades ouvriers allemands sont des hommes et des ouvriers comme vous, ayant mêmes intérêts que vous. » C'est l'appel à la fraternité internationale de classe pour la lutte des classes étendue à tout l'univers. « Vous allez entrer dans une période de crise d'une extrême gravité. » C'est l'annonce des maux qui accompagneront l'effondrement total et définitif du franc. « Sachez que celui qui attaque le premier est sûr de vaincre. » Voilà le conseil d'offensive donné aux troupes : « Vous êtes malheureux. Vous allez l'être davantage. Il faut que patrons et ouvriers soient unis dans la même misère ! » Voilà le paradis soviétique ; la misère universelle dans la servitude universelle, la ruine générale et l'esclavage de tous — sauf pour une poignée de tyrans — tel est, en effet, dans un bref raccourci, tout le communisme.

§ 5. — Etat religieux des faubourgs.

Si le fond de l'âme mancelle est resté un peu meilleur qu'en d'autres provinces du Centre, si les destructions sont un peu moins apparentes qu'en d'autres provinces, le glissement rapide au néant moral et religieux n'en est pas moins évident. La partie occidentale du département semble s'être mieux défendue jusqu'ici. Une commune rurale de

l'est est tombée au dernier degré de la déchristianisation : ses 1.3oo habitants sont de petits propriétaires, cultivateurs et vignerons ; en 1925, l'évêque
a retiré le curé ; la messe dominicale ne réunissait
pas dix fidèles ; la moitié des enfants ne sont pas
baptisés ; presque tous les mariages et enterrements
sont purement civils ; au cimetière, les tombes sont
surmontées d'un triangle avec la devise « Liberté,
Egalité, Fraternité ». Il y a une vingtaine d'années,
dans une commune rurale voisine, un habitant avait
tracé, au-dessus de sa cave percée dans le flanc du
coteau, cette inscription blasphématoire, bien visible
de la route : « A Notre-Dame de la Soûle ».

La ville du Mans — 80.000 habitants — compte
dix paroisses, trois chapelles paroissiales et une
dizaine de chapelles de communautés. Le quartier
de l'abattoir possède depuis quelques années une
chapelle paroissiale, Saint-Bertrand, réduite à une
portion de sa nef future.

La paroisse Saint-Bertrand compte 3.ooo âmes.
Dans la chapelle, il y a 346 places (chaises et bancs).
Le dimanche, trois messes sont célébrées. Si toutes les
places avaient été occupées à chaque messe, 1.o38 personnes tout au plus auraient pu remplir le devoir
minimum du chrétien ; il y a impossibilité matérielle
à ce que plus du tiers des paroissiens satisfasse à
cette stricte obligation.

Un dimanche de septembre, je pointe les fidèles
présents aux messes.

Messe de 6 heures. — Il n'y a pas d'enfant de
chœur. Je compte au début de la messe 8 hommes
dont 2 ouvriers (3 hommes de 25 à 3o ans, 1 de 4o,
4 de 5o à 6o ans) et 22 femmes Une femme et deux
hommes sont arrivés à la fin de l'Evangile. Au total,
3o personnes.

Messe de 7 h. 3o. — Au début de la messe,

je compte 4 hommes. 39 femmes, 3 jeunes filles, 5 fillettes, 2 jeunes gens, 2 jeunes garçons. Pendant l'évangile, arrivent 1 homme, 2 femmes, 1 jeune fille, 1 jeune homme. Pendant le Credo, 1 homme, 3 femmes, 1 jeune fille, 1 jeune homme. Pendant l'offertoire, 1 femme. Pendant la communion des fidèles, 1 homme et 5 femmes s'en vont. Au total, l'assistance comprend : 6 hommes, 45 femmes, 5 jeunes filles, 5 fillettes, 4 jeunes gens, 2 jeunes garçons, soit 67 personnes.

Grand'messe à 9 heures. — Au début, je compte 5 hommes, 66 femmes, 15 jeunes filles, 24 fillettes, 4 jeunes gens, 19 jeunes garçons. Pendant l'évangile, arrivent 3 hommes, 18 femmes, 7 jeunes filles, 3 fillettes, 4 jeunes garçons. Pendant le Credo, 1 femme et 2 jeunes filles. Pendant l'offertoire, une femme et un homme s'en vont. Au total : 8 hommes, 85 femmes, 24 jeunes filles, 27 fillettes, 4 jeunes gens et 23 garçons et adolescents, soit 171 personnes.

En tout, les trois messes dominicales ont réuni, sur environ 3.000 habitants, 268 personnes, moins du dixième de la population.

Le quartier Jean-Jaurès a pour chapelle paroissiale récente Sainte-Jeanne-d'Arc, installée dans une ancienne salle de cinéma, d'aspect misérable. Elle dessert le quartier de la place de la Mission et celui que traverse une partie de l'avenue Jean-Jaurès. La paroisse compte environ 3.000 habitants : quelques petits rentiers, des boutiquiers et surtout des ouvriers. La chapelle compte 372 places. Il s'y célèbre trois messes le dimanche. Je pointe les fidèles présents.

Messe de 6 h. 30. — Y assistent : 16 hommes, 59 femmes et jeunes filles, 4 jeunes gens, 3 jeunes garçons. En tout, 82 personnes.

Messe de 8 heures. — Sont présents au début de la messe : 12 hommes, 78 femmes, 15 jeunes filles, 3 fillettes, 4 jeunes gens, 3 jeunes garçons. A l'évangile, arrivent : 5 hommes, 9 femmes, 4 jeunes filles, 1 jeune homme, 1 jeune garçon. A l'offertoire : 5 femmes, 1 jeune fille, 1 fillette. Quatre personnes se retirent pendant la communion des fidèles. En tout : 17 hommes, 92 femmes, 20 jeunes filles, 4 fillettes, 5 jeunes gens, 4 jeunes garçons ; soit, 142 personnes.

A la grand'messe, à 9 h. 30. — Au début de la messe, il y a 33 hommes, 122 femmes, 19 jeunes filles, 27 fillettes, 4 jeunes gens et 18 jeunes garçons. A l'évangile, arrivent 3 hommes, 26 femmes, 8 jeunes filles, 4 fillettes, 3 jeunes gens, 4 garçonnets. A l'offertoire, 1 femme et 1 fillette. Tous les fidèles restent jusqu'à la fin de l'office. Le total général s'élève à 36 hommes, 149 femmes, 27 jeunes filles, 32 fillettes, 7 jeunes gens, 22 jeunes garçons. En tout, 273 personnes.

Le total général des fidèles assistant à la messe le dimanche dans cette paroisse est de 497 personnes sur une population d'environ 3.000 âmes. Nous sommes à la mi-septembre : quelques enfants et adultes peuvent se trouver encore à la campagne.

CHAPITRE III

NANTES

Nantes est la ville du commerce. Mais, ceinturé de rouge par sa banlieue et ses faubourgs dont l'un, Chantenay, lui a été récemment annexé pour des raisons électorales, ce port de 200.000 habitants est, en outre, pénétré par les nombreux éléments ouvriers que lui valent ses quais, ses chantiers maritimes, ses usines de métallurgie et ses fabriques de produits alimentaires. L'impiété que porte comme une écume le flux révolutionnaire trouble le fond chrétien de l'âme bretonne et ronge l'obstacle que lui opposent une pensée pétrie par une foi millénaire et la volonté, dure comme le granit, de la race. L'alternative posée, la lutte se poursuit, et le mal, soutenu par toutes les forces de l'Etat, élargit son ombre.

§ 1. — Un atelier de chaudronnerie.

Pour me rendre à mon travail, je longe les quais, perdu dans la foule sombre des travailleurs. C'est l'aube : pas de vent, un ciel clair, blanchâtre, noyé de vapeurs grises et bleues d'où surgissent les maisons hautes, pressées, endormies, tout un peuple de pierres somnolentes, et, sur l'eau d'un blanc mat, les silhouettes des carènes et les cimes des mâts... Une gaze bleutée flotte sur la cité, les bras du fleuve, les îles, les usines, les navires. Un grand silence verse l'apaisement... Un nuage rose dessine un trait bref et mince sur l'orient.

Dans le matin naissant de ce début d'automne, un piétinement sourd et continu fait courir sur les gros pavés le premier bruit de la vie qui s'éveille. Puis, la foule s'engouffre entre les battants d'une porte de fer. Les vêtements déposés dans les armoires de tôle près des lavabos, le vestiaire traversé, une allée franchie, et c'est le vaste hall, assombri par la poussière qui encrasse les vitres, étalant partout une couleur de rouille, par les silhouettes des chaudières en construction, des forges, des amas de fer, des machines à percer ou à couper. Le métal résonne sous les coups des longs marteaux maniés à tour de bras ou crépite sous la flagellation des machines à river. Des soudeurs et des découpeurs dirigent sur la tôle le jet de lumière verte, bleue ou rose, de leur chalumeau, qui fait jaillir des gerbes d'étincelles. Affecté à l'équipe des manœuvres, je transporte des pièces de fer, plaques, cornières, boulons. Les ouvriers sont des Bretons : les uns, aux cheveux noirs et au teint mat, accusent une origine méridionale, des aïeux venus par mer en Armorique ; les autres, purs Celtes, ont des cheveux blonds ou châtains, des yeux bleus ou gris, un teint pâle ou brûlé par le hâle et devenu rouge brique.

Près de 200 hommes travaillent aux ateliers, le matin, de 6 h. 45 à 11 h. 15, et, le soir, de 1 h. 15 à 5 h. 30 ; le samedi, seulement le matin, de 6 h. 45 à 11 heures.

Je suis payé 1 fr. 40 l'heure. Ma paye de la semaine s'élève donc, pour quarante-huit heures, à 69 fr. 60. Il s'y ajoute 17 fr. 40 de primes et 23 fr. 10 comme allocation individuelle de vie chère. Soit, au total, 110 fr. 15. Le boni et l'indemnité de vie chère augmentent mon salaire de plus de moitié. Ceux qui ont des enfants reçoivent, en outre, une allocation familiale. Les payes varient suivant les primes perçues et suivant la nature des travaux effectués. Le chauffeur-conducteur de la grue gagne 170 francs par semaine.

Un grand nombre d'ouvriers portent à l'atelier, et quelques-uns même au dehors, des sabots de bois. Leurs vêtements de travail, en toile, sont rapiécés, parfois déchirés à nouveau. Pour sortir, ils reprennent de vieux habits, sales et rapiécés; le dimanche, de très modestes complets de confection, avec une chemise de couleur, un faux-col, une casquette propre ; mais, souvent aussi, comme à Tours et Saint-Pierre-des-Corps, à Cholet, au Mans, des complets de bonne coupe avec un mouchoir de couleur dans la poche du veston, d'élégantes chemises fantaisie, des souliers découverts, des chaussettes au goût du jour et un chapeau ; les jeunes gens ont l'air d'employés ou même de bourgeois. Les jeunes sont complètement rasés. Les hommes, à de très rares exceptions près (ils sont alors tout rasés), portent la moustache.

Plusieurs ouvriers de l'atelier demeurent dans les villages voisins, situés sur la voie ferrée qui descend en Vendée, par exemple à Clisson : c'est ainsi que les idées subversives s'infiltrent dans les meilleures contrées, là où l'on ne s'attendrait pas à les trouver et où l'on demeure surpris de les rencontrer.

Le milieu nantais étant resté fortement imprégné

d'esprit religieux et la plupart des ouvriers provenant de familles ou de localités encore largement influencées par les habitudes chrétiennes, assez fréquentes sont leurs railleries contre la religion dont ils se sont détachés : l'un des manœuvres se signe par dérision en levant ironiquement les yeux au ciel ; un chaudronnier répète sur un ton narquois la formule habituelle des fins de sermons : « C'est la grâce que je vous souhaite. » J'entends, à ma pension, un ouvrier, d'une quarantaine d'années, dire à ses compagnons : « ... C'est comme les curés qui disent — Faites vigile, mangez maigre — et qui ne se privent pas... Ah ! quand ils sont vicaires, ils ne sont pas à leur aise. Mais, quand ils ont une cure, ils ne se privent de rien... » La religion n'est pas ici chose indifférente : on la pratique ou on la combat. Un manœuvre, un lundi, en interpelle un autre : « Tu ne nous dis pas ce que tu as fait hier soir ? — Bah ! dit un troisième, il a fait comme les curés... avec les bonnes sœurs !... » C'est le même grossier anticléricalisme qu'avant la guerre, dans le style de *La Lanterne*. Ici, le même combat contre l'Eglise et son clergé continue, tandis que, dans les provinces du Centre, le terrain est déblayé, conquis, le problème résolu. Au vestiaire, deux hommes, de 5o à 55 ans, parlent de la grève de deux heures faite par les agents des téléphones et télégraphes ; ils les approuvent, disant : « Si nous faisions tous comme eux !... » Ayant exprimé cette idée de grève générale révolutionnaire, ils ajoutent : « Mais la calotte protège les autres (les patrons)... » Des réflexions de ce genre inspirent à de profonds politiques l'idée d'établir une alliance entre « la calotte » et la Révolution. Ils s'imaginent qu'en hurlant avec les loups ils ne seront pas mangés ; et même que, pour n'être pas dévoré, il faut se jeter dans la gueule du loup ! Ils souscrivent à l'équivoque créée par les anti-catholiques : ne pas pactiser avec la Révolution, c'est approuver les injustices ou les maux dont souffre notre société. Il est faux que l'Eglise les approuve. Il est vrai qu'elle défend contre les révolutionnaires les principes fondamentaux de l'ordre dans une société civilisée et le premier de ces principes est celui de la légitimité, nécessité, bienfaisance de la propriété individuelle.

Chaque matin, l'équipe des manœuvres commence par relever dans tous les coins du hall les bouteilles d'oxygène qu'ont vidées les soudeurs ; chacun de ces cylindres d'épais métal, grand comme un homme, est chargé par deux manœuvres sur leurs épaules et transporté à travers le hall et la cour jusqu'au porche où le camionneur viendra les récolter après avoir déposé les bouteilles pleines que nous devrons transporter à l'atelier. Nous poussons ensuite à travers les cours plusieurs wagons. Après quoi, toute l'équipe est mobilisée pour transporter à la forge trois poutres métalliques massives, pesant chacune près de 2.000 kilos. Une grue sur rail les ayant amenées à l'entrée de l'allée qui conduit au hall des forges, nous les recevons tour à tour sur un charriot long et bas, une *traîne* comme ils disent, et nous nous y attelons, tirant, poussant sur le sol bosselé, redoublant d'efforts lorsque une roue s'enfonce dans quelque trou fangeux. Un passage dallé ou couvert de plaques de fer faciliterait singulièrement ce travail ou le rendrait moins dangereux : parfois, en effet, la pièce de fonte glisse sur le plateau du charriot et menace d'écraser contre son rebord la main du manœuvre attentif à harmoniser son effort avec celui de ses compagnons. Parvenus au fond du hall, nous tournons à angle droit la « traîne » et,

sur l'ordre du chef de groupe, deux hommes munis
de barres de fer s'apprêtent à culbuter la poutre sur
le sol pendant que quatre autres, placés devant elle,
l'empêcheront de glisser trop vite. Mais, soudain,
la masse de fonte fait pivoter le charriot et son
extrémité va piquer le sol de biais ; les hommes
bondissent en arrière, à temps, sauf un qu'arrête un
billot chargé d'une enclume ; l'enclume est ren-
versée et l'homme assis à sa place, le mollet coincé
entre le billot et la poutre. Nous lui croyons la
jambe broyée. Par bonheur, l'homme en est quitte
pour la peur, la peau écorchée et une forte con-
tusion qui le rendra indisponible pendant une
semaine. Les deux autres poutres sont transportées
sans incident. Dans le hall aux vitres et aux murs
noirs de charbon et de fumée, les forges rou-
geoient : des hommes de haute stature, au visage
dur, portent les lourds marteaux à long manche,
dont ils assomment le fer rouge. Maintes fois, c'est
le marteau-pilon qui entre en danse ; armés de
pinces robustes, les hommes lui présentent des
masses incandescentes ; au sortir du brasier, elles
aveuglent de leur lumière blanche, comme des
fragments de soleil, avant de rutiler comme des
rubis, puis de prendre la nuance chaude de la
fraise écrasée. Le puissant marteau les frappe à
coups précipités, les pétrit, les aplatit. Rien ne
résiste à sa fureur. Le sol tremble ; l'arbre qui le
porte frémit ; toute la membrure de la nef frissonne ;
dans un réservoir, l'eau clapote ; sous les chocs du
pilon, comme l'argile sous le pouce du modeleur,
la masse de fer rouge a changé de forme.

Anatole, âgé d'environ 35 ans, petit et de frêle
apparence, mais robuste et courageux, a un visage
d'alcoolique. « Il a tellement bu depuis sa jeunesse,
me dit un autre homme de l'équipe, qu'il est *cuit.*

Il y a des jours où je suis sûr qu'il n'a rien bu et on dirait qu'il est saoûl. » Un lundi matin, Anatole déclare : « Hier, je me suis *tenu*; je suis resté en famille ; nous nous sommes rendus à une fête de quartier. » Un jeune homme a passé sa journée à la pêche. Un homme d'une quarantaine d'années a dépensé près de 15 francs pour aller au cirque avec sa femme et son enfant : « C'est cher ; mais il a tant de frais ! » Il parle du spectacle avec des étonnements et une admiration d'enfant.

Nous passons la matinée, après avoir transporté, comme chaque jour, les bouteilles d'oxygène, à vider un wagon des briquettes de charbon dont il est chargé. Un manœuvre, surnommé Mes-bottes, dit : « Autrefois, j'ai beaucoup travaillé dans les briquettes, le coke et les agglomérés... » Un autre, spécialisé sur machine-outil, est affecté provisoirement à notre groupe en attendant d'être rendu à sa machine : c'est un jeune homme de 22 à 23 ans, à l'accent bordelais, finement chaussé, à la démarche lente, souple et balancée, le geste rare et le travail dédaigneux d'un Nord-Africain ou d'un Espagnol ; avec son visage en ovale long, son teint brun mat, il pourrait, sous le tarbouch et le burnous, prendre place dans l'escorte d'un caïd. Un autre jeune a le visage creusé, les yeux battus et le corps lassé d'un lendemain de noce. Anatole nous hèle : « Eh ! pas trop vite ! c'est un travail de lundi, aujourd'hui !... » Je crois encore entendre la réflexion surprise quelques heures plus tôt sur le quai ; deux jeunes gens se rendant à leur atelier, l'un disait : « Le lundi et le samedi, je n'ai guère envie de travailler. » Tout comme les collégiens.

L'après-midi, nous transportons de lourds tuyaux de fonte. Trois de mes compagnons dissertent longuement sur la question de savoir en quels pays on boit « à la chopine » et, en quels pays, « au demi-litre ». « Des chopines ? s'écrie l'un ; c'est bien sûr pas à Paris ! ça, je le sais ! — Moi, dit l'autre, j'ai bu à la chopine, à Tours. — Et moi, fait un troisième, j'y ai habité pendant six ans ; mon beau-père y demeure encore, avenue de Grammont. Mais j'ai bu au demi-litre à Angers ! — Ah ! reprend le second, Angers, il y a là les ateliers Bessonneau. C'est une société anonyme au capital de 8o millions. — Elle ferait bien, remarque le premier, de donner ses millions à ses ouvriers. » Voilà le fond de là pensée ouvrière telle que l'a façonnée un siècle de prédications socialistes. L'ouvrier songe alors à devenir le propriétaire de l'usine et des capitaux nécessaires à son fonctionnement. Donc, conclut le socialisme, l'usine doit être la propriété de l'Etat, car, en démocratie, l'Etat, c'est le Peuple ; l'usine à l'Etat, c'est l'usine au Peuple, donc à l'ouvrier. Par l'effet merveilleux de ce raisonnement de dindons, le Financier juif, capitaliste international, déjà maître de l'Etat démocratique, deviendra maître de tous les moyens de production, y compris les hommes, les ouvriers, le Peuple, ce Goy, semence de bétail et bétail d'esclaves. Et le tour sera joué.

Mes compagnons parlent aussi des loyers qu'ils paient. Ils ont été triplés. Ils ne s'en plaignent pas, à l'exception de l'un d'eux qui, étant locataire du même logement depuis vingt-cinq ans, estime que cette longue durée lui constitue un titre à soustraire son loyer aux effets de la dépréciation monétaire. Mais les autres trouvent tout naturel que les loyers augmentent, tout comme augmentent les prix des autres objets vendus ou loués. Un de ces hommes est d'ailleurs propriétaire d'une maison qu'il loue et il explique avec satisfaction que le terrain, acheté 9 francs le mètre, en vaut aujourd'hui 35.

Les journées se passent à coltiner les bouteilles d'oxygène, à déplacer, avec l'aide de grues et ponts-roulants, des plaques de tôle d'acier, des poutres de fonte massive, à pousser des wagons-plates-formes chargés de matériaux. Des procédés particuliers, imaginés à la suite d'une longue pratique, permettent de manier avec le minimum d'efforts et de risques ces pièces lourdes et encombrantes. « Faut pas être fort, dit le chef d'équipe, faut être malin. » Si, il faut être fort ; mais l'intelligence et l'expérience permettent d'éviter la plus grande dépense de force.

Au début d'un après-midi, comme nous poussons un wagon à travers la cour, les employés des bureaux font leur entrée. Alors, mes compagnons s'écrient : « Ce qu'il y en a, des employés ! — Les *nourrissons* ! — Ah ! buveurs de sueurs ! buveurs de sang ! » Nous retrouvons l'idée fausse, si généralement répandue, de l'inutilité coûteuse des bureaux, de l'infériorité des travaux d'écriture par rapport au travail manuel, de la dilapidation des bénéfices par le parasitisme des « nourrissons ». C'est une des voies par où l'ouvrier s'engage dans le socialisme, dont le triomphe serait celui d'une bureaucratie vraiment surabondante, oisive, parasitaire et ruineuse.

Le développement intellectuel, les manières, le langage de ces manœuvres les placent nettement à un étage inférieur à celui des ouvriers de métier. Mais cette réflexion sur les employés et les idées socialistes sont communes aux deux catégories de travailleurs. Parmi les uns et les autres, plusieurs se répandent brusquement en plaisanteries très grossièrement obscènes ; la plupart emploient des mots d'une étonnante crudité. Le manœuvre, c'est une masse d'os articulés et de muscles insérés sur les os : ces hommes s'apprécient et se jugent d'après la valeur de leurs os, de leurs muscles et de leur assemblage, qui sont leur raison d'être, leur gagne-pain et, par suite, le centre de leur vie et du monde. Ils distinguent entre : les hommes vigou-reux, très aptes à leur tâche, qui forment leur aris-tocratie ; les faibles, qu'ils dédaignent ou méprisent, ou dont ils accueillent la collaboration par senti-ment humain, charitable, et par respect pour la bonne volonté qu'ils leur découvrent ; enfin, les paresseux, qui « tirent au flanc », accroissent la tâche des autres et violent ainsi la morale du groupe dont le bon fonctionnement requiert le respect de la solidarité de ses membres en face de la tâche à accomplir ; ils détestent les paresseux et n'arrêtent pas d'en dire tout le mal qu'ils en pensent.

Deux ouvriers, d'une cinquantaine d'années, échan-gent quelques remarques sur Léon Bourgeois, qui vient de mourir après avoir joué un rôle impor-tant dans l'activité intérieure et extérieure de notre pays : « Toute sa vie il l'a passée dans la politique... il a été combien de fois ministre !... Dernièrement encore, il a assisté à... à... à Genève... à la Confé-rence de Genève... C'est Briand qui l'a remplacé... » Ces bribes de souvenirs sont rassemblées en vrac et exprimées sur un ton narratif, dépouillé de critique et de louange. Voilà ce que des ouvriers, sans doute d'esprit modéré, savent et retiennent d'un homme qui a occupé une si large place dans la République française, dans la Franc-Maçonnerie universelle, dans nos relations internationales, pour notre plus grand mal ! Et ils passent aussitôt à Lyautey, mis au premier plan de l'actualité par les journaux qui annoncent sa démission, pour raison de santé, de Résident général au Maroc : « Lyautey, disent-ils, quitte le Maroc. C'est pas pour sa santé. C'est encore de la politique... » Sur ce point, ils ne se trompent pas. Mais, d'eux-mêmes, ils ne dégagent pas les causes de cette démission forcée : la politique anti-française d'un gouvernement que le régime républicain rend perméable à toutes les idées dissolvantes et à toutes les influences des puissances d'argent et des Puissances étrangères. « Je crois, ajoute l'un d'eux, que, depuis le temps que Lyautey était gouverneur général, il a dû soigner ses intérêts, il doit avoir le bras gros maintenant... » Comme ils connaissent mal le maréchal en l'assimilant à un parlementaire ! Comme ils jugent bien les parlementaires en les tenant pour des concussionnaires ! Mélange d'inspirations justes et de jugements faux, voilà leurs convictions politiques. (Il en va de même chez combien d'agriculteurs, de commerçants, d'industriels, de médecins, d'avocats, de professeurs, de rentiers !) Et comme les ignorants et les dupes sont le plus grand nombre, ils font la loi, ou plutôt on se sert d'eux pour la faire : simples marionnettes aux mains de quelques maîtres cachés. Voilà la Démocratie, impuissante pour le bien, toute puissante pour le mal.

Lorsque nous ne sommes pas assez nombreux pour le travail à exécuter, on nous adjoint quelques hommes de métier — soudeurs, chaudronniers ou forgerons — qui nous donnent un coup de main passager. On les reconnaît de suite à leur tenue plus correcte, à leurs manières légèrement distantes de gens qui se prêtent par accident et par ordre a une tâche inférieure et étrangère. Leurs vêtements de travail sont moins déchirés et moins sales. Ils parlent peu. Ils s'acquittent de la corvée de manœuvre avec plus de vigueur, d'adresse, d'activité et d'intelligence qu'aucun de nous. Mes camarades d'équipe sont vraiment des déchets de la classe ouvrière : moins intelligents que les autres, plus gros-

siers et plus sales. Les surnoms sont fréquents :
« Le Charcutier », « Le Boscot », « Mes-Bottes ».Ce
dernier donne du haut pont transbordeur, construit
il y a peu d'années, une explication fantaisiste :
« On a été obligé de faire un pont aussi élevé à
cause des vaisseaux voiliers, autrefois. Avant la
percée de Panama, c'étaient des voiliers qui dou-
blaient le cap Horn pour se rendre sur le Pacifique ;
la navigation à voiles était moins coûteuse pour un
aussi long voyage. Mais aujourd'hui que le canal de
Panama raccourcit considérablement la route, on
n'emploie plus que des vapeurs pour aller encore
plus vite. » Mes-Bottes est exceptionnellement mal-
propre ; avec son gilet luisant de crasse et son chapeau qui semble tiré d'une poubelle, son visage et
ses mains mal lavés, il ne lui manque plus qu'un
crochet et une hotte ; il n'en est pas moins travailleur et débrouillard ; il mène rondement sa tâche,
avec une activité consciencieuse, tout comme les
camarades. Entre eux tous, règne une étrange solidarité, faite d'entr'aide spontanée et empressée ; ils
y mettent de la bienveillance, du cœur, une charité
attentionnée et vigilante, réservant au moins fort
les besognes les plus faciles, redoublant eux-mêmes
de peine pour achever la besogne commune dont
l'un d'eux s'acquitte médiocrement et moins vite.
Bien qu'ils reprochent vivement au « Charcutier »
de rejeter délibérément sur les autres, par calcul de
paresse, sa part de travail, cependant ils le suppor-
tent et le suppléent. Braves gens ! et pauvres gens !
Comme ils ont besoin — et tous les ouvriers —
d'amis sincères et dévoués qui les instruisent, les
conseillent, les conduisent et les servent pour les
relever et les élever !

Que deviennent, dans ces milieux, les jeunes
apprentis ? Songeons aux soins de toutes sortes qui

entourent les adolescents des autres classes. Mais
ceux-là, nous les avons abandonnés aux maîtres qui
déforment l'âme, nous les avons livrés à « la laïque »,
eux et tout l'Etat, en nous ralliant au mal. Si la jeunesse ouvrière recevait du moins, tout d'abord, la
leçon des grands principes directeurs de la vie humaine et de toute société civilisée, et entrait ensuite dans la Corporation professionnelle, prolongement et agrandissement du foyer, combien serait
changé son sort! Les défaillances individuelles n'ont
généralement que des conséquences individuelles ou
du moins assez étroitement circonscrites dans leurs
effets extérieurs : mais quand la société tout entière,
et officiellement, est corrompue, que peut-il être
de ses membres? Le patron de l'usine a, du moins,
pris la louable initiative d'y créer une école d'apprentis; l'instruction professionnelle leur est distribuée au cours de la journée de travail sans que
ces heures de classe réduisent en rien leur salaire.

A l'usine est également annexé un réfectoire pour
les ouvriers qui, demeurant au loin, apportent leur
repas de midi. Un garage est installé pour les bicyclettes ; les vestiaires et lavabos sont fort bien organisés. Sur les armoires de fer, des farceurs ont écrit
à la craie : « Nettoyez vos armoires, pour l'hygiène! »
— « Jetez à terre les saloperies qui sont dans vos
armoires ! » — « Chef de harem ! » — « Le délaissé
du chapeau rose. » — « Jaune. » — Et quelques
autres mots injurieux, brefs et énergiques. Ou un
bon conseil : « Ne laissez pas d'argent au vestiaire. »
Sur le battant de son armoire, un homme — 57 ans
— a fixé toute une série de dessins et cartes postales
licencieuses et anti-cléricales.

... Les jours, à mesure qu'ils passent, diminuent
sensiblement. La nouvelle saison approche: un
matin, à l'aube, le ciel est noyé de nuages fuligineux

et bas ; l'eau du fleuve semble une plaque d'étain terni ; les façades des maisons se dressent comme de grands fantômes renfrognés, maussades. Puis, les beaux jours reviennent dans l'arrière-saison d'octobre ; je descends vers l'atelier, maintenant, dès avant l'aube, quand la nuit s'achève et que brillent les dernières étoiles, nuit très belle et, à ce voisinage immédiat de la mer, très douce ; et bientôt commence une journée radieuse ; dans le ciel bleu pâle, d'une étonnante pureté, le soleil naissant répand une lumière légère ; son reflet descend sur la Loire et ses îles dont les flancs regardent couler les eaux, glisse sur les hauts piliers de fer des chantiers de constructions maritimes, sur les grues aériennes posées au sommet de pylones géants et semblables à des oiseaux immenses, tout prêts à reprendre leur vol ; à l'ouest, la Loire dessine une large courbe élégante et les voiliers se succèdent sur ses bords. Sur la ville et l'eau, les bateaux et le quai, en ce havre retiré de la large nappe tourmentée de l'Océan, flottent comme des invites à partir pour les contrées lointaines que la complicité du rêve entoure de tant de grâce. La foule grise des ouvriers se hâte ; on y voit autant de casquettes plates, teintes en bleu marin, à visière de cuir ou de drap, que de casquettes jockey. En mains, il y a un certain nombre de *Phare*, journal départemental modéré, mais davantage de *Populaire*, qui est le *Quotidien* régional. Foule silencieuse : les Bretons, peuple taciturne aux sentiments violents et concentrés, sont lents à passer à l'action, mais alors ils y déploient une fureur brutale et obstinée. Ils s'écoulent, paisibles, en silence. Des groupes s'arrêtent devant les bureaux de tabac pour lire les affiches-réclames où chaque journal local étale en gros caractères le résumé des dernières nouvelles.

A travers le hall de la chaudronnerie, je coltine quatorze bouteilles à air comprimé, pendant qu'à grands tours de bras, de leurs pesants marteaux, les chaudronniers frappent sur le fer rouge, courbent à coups redoublés d'épaisses tôles d'acier ; d'autres, avec les marteaux automatiques, fixent les boulons sous un crépitement de chocs endiablés qui déchaînent à travers la nef d'incessantes rafales d'orage. Puis, je transporte des tôles : un ajusteur glisse du sommet d'une énorme chaudière et tombe de quatre mètres de hauteur sans autre mal que de s'étaler la face la première dans une épaisse flaque de boue ; on le ramasse, on l'étend sur une tôle ; il n'a plus visage humain, tellement un masque épais lui couvre les yeux et les joues, le nez et la bouche : ses camarades le lavent avec précaution et, délivré de cette couche gluante, il retourne en hâte à scn travail. Quelques instants plus tard, comme je transporte une tôle le long de la chaudière, je sens quelque chose glisser contr. mon dos ; un ajusteur, effrayé, se penche du haut de l'énorme masse ventrue : il a laissé tomber une clef anglaise, presque longue et grosse comme le bras ! C'est l'objet qui m'a effleuré la colonne vertébrale et qui, tombant dix centimètres plus près, m'eût fracturé le crâne ! Ainsi frôlons-nous parfois la mort.

Pendant plusieurs jours, je suis employé à charger, à la scierie voisine, des wagons de bois pour la chaufferie : besogne facile et peu fatigante. Mais je dois ensuite, dans la cour et sous un chaud soleil d'arrière-saison (ce serait bien plus pénible sous la pluie), décharger un wagon de poussière de charbon mouillée : travail très dur, surtout lorsqu'il faut, comme c'est ici le cas, lancer le charbou haut et loin. En maniant la pelle, je me souviens d'avoir lu, deux ou trois ans plus tôt, sur *Le Matin*, qu'un général russe avait réussi à trouver une place de manœuvre sur les quais de Marseille grâce à l'aimable intervention du représentant du gouvernement français. On n'est pas plus talon rouge ! L'art d'utiliser les compétences est, en République, poussé au suprême degré. Nos bolcheviks à l'eau de rose du Bloc national, alors au pouvoir, avaient le culte des compétences qui convient au régime électoral : quand on fait d'avocats — Poincaré, Millerand, après quelques autres — des chefs d'Etat et de professeurs de mathématiques ou de littérature — Painlevé, Herriot — des chefs de gouvernement, on peut trouver qu'un général est tout à fait à sa place comme manœuvre sur les quais de Marseille.

Le lendemain, j'étais occupé avec deux camarades à une besogne plus fatigante encore : pendant cinq heures, nous avons chargé d'escarbilles, cendres et autres résidus de la combustion de la génératrice de l'usine, un wagon de dix tonnes. Ce travail à la pelle reste relativement facile tant que les portes latérales du wagon peuvent être tenues ouvertes, mais devient épuisant, surtout sous la morsure du soleil, lorsqu'il faut lancer les pelletées par-dessus les bords du wagon, à environ 2 m. 5o de hauteur : « Si j'avais 5 à 6.000 francs de rentes, dit un de mes compagnons, je ne serais pas ici. »

Ainsi comprend-on mieux qu'à la sortie les cabarets voisins s'emplissent de nombreux travailleurs qui s'assoient par groupes, pendant cinq ou dix minutes, pour boire une bouteille.

Comme nous rentrons à l'usine, deux jeunes ouvriers disent, à côté de moi : « Si les patrons étaient libres de faire ce qu'ils veulent, ils nous mettraient tous à la porte... » Qui, nous ? les révolutionnaires ? Il y en a parmi nous, sûrement, et qui se livrent secrètement à une propagande continuelle. Aux cabinets, à l'intérieur d'une porte, un papillon du « Comité Central d'Action » (communiste) a été collé, puis lacéré. On peut encore y lire : « Le gouvernement capitaliste du Bloc des Gauches » (en attendant le gouvernement encore plus capitaliste des Soviets) « ne tiendra compte de la volonté des travailleurs que lorsqu'elle se manifestera... » Et, sur la marge, ces mots au crayon : « Celui qui l'a déchiré est une vache », suivis de ceux-ci, d'une autre main : « Doublé d'un c.. » A l'intérieur d'une autre porte des cabinets, ont été collés deux autres papillons du « Comité central d'action ». Le premier est le même que celui dont je n'ai pu lire qu'une partie par suite de sa lacération ; j'en puis donc connaître la fin : «...énergiquement contre la guerre, les impôts, l'inflation. » Le second déclare que « la guerre du Maroc, c'est la ruine ; les impôts Caillaux et l'inflation, c'est la ruine pour les ouvriers, les paysans, les classes moyennes. Dressez-vous, organisez-vous, défendez-vous. Dans toutes les entreprises, formez des comités d'unité prolétarienne ».

Voilà donc la preuve d'une propagande active et de la présence de communistes militants pourvus de tous les moyens de la poursuivre, donc d'un noyautage dont les éléments demeurent invisibles. On remarquera, en outre, le caractère de cette propagande : elle est adroitement camouflée ; il n'y est pas question de Révolution ni de Communisme, mais « d'unité prolétarienne » entre ouvriers, paysans et classes moyennes, pour lutter contre une fiscalité dévorante et une inflation banqueroutière : on attire donc, par des raisons justes, le plus grand nombre possible de citoyens, tous de bonne foi et odieusement trompés, dans des organisations bolchevistes dont le caractère réel est dissimulé et dont le triomphe, répétant l'inoubliable exemple de la Russie, amènerait, par la spoliation de tous les biens privés et la banqueroute, la ruine et la misère générales. Tous les maux, que les malheureuses dupes qui entrent dans les « Comités d'unité prolétarienne » organisés par le « Comité central d'action » s'imaginent éviter, s'abattraient sur eux pour le seul profit de la bande qui exploite leur crédulité. Ce rêve d'impôts modérés et d'arrêt de l'inflation connaîtrait le sort de celui dont se repaissent les pauvres gens qui attendent du Socialisme ou du Communisme la journée de six et même de quatre, de deux heures, des salaires illimités, la propriété des usines et leurs bénéfices supposés énormes et incessants, la liberté absolue et un bonheur sans nuage.

Un après-midi, à la rentrée d'une heure, une main inconnue a fixé au mur du vestiaire un placard unitaire contre la guerre « impérialiste » du Maroc, les impôts nouveaux, la vie chère, l'inflation, et une invitation à assister, le soir même, à six heures, à la Bourse du travail, à une réunion unitaire.

On s'étonne de trouver dans les rangs des communistes les ouvriers les plus intelligents et les meilleurs. Ils y prennent place parce qu'ils se croient capables de diriger l'entreprise, de même que le matelot qui sait tenir la barre, lire une carte et faire le point, s'imagine pouvoir se passer du capitaine. Cet état d'esprit résulte des inévitables illusions du « primaire ». Le Primaire règne en République, en Démocratie. La haine de « l'intelligence » (cultivée, riche de science) a caractérisé la Révolution russe comme la Révolution française, mais à un degré pire, cette Révolution étant en progrès manifeste sur la nôtre : la tourbe immonde des soviétistes a systématiquement exterminé les gens instruits au cri de « Mort à l'intelligence ! » Le Communisme, qui est la

République parfaite, la Démocratie au maximum, le Capitalisme absolu, c'est la-maison à l'envers, la pyramide dressée sur sa pointe, la régression à une civilisation inférieure, vraiment barbare, à la turque et pire encore.

Le lendemain, près de la porte de l'usine, une grande affiche annonce pour samedi, à huit heures du soir, à la Bourse du travail, sous les auspices du « Comité central d'action », une grande conférence « populaire » contre la guerre du Maroc, les impôts Caillaux et l'inflation. Au vestiaire, une seconde petite affiche, semblable à celle de la veille, a été fixée au mur. Comme je traverse les rangées d'armoires, j'entends un ouvrier, d'environ vingt-cinq ans, dire à un homme, qui en porte de quarante à cinquante, que « les orateurs viendront de Paris pour le soir et repartiront le lendemain ». L'autre, un solide gaillard à la poitrine large et épaisse, aux muscles puissants, l'interrompt avec colère et, lui jetant à la face les gros mots couramment employés ici, s'écrie : « Oui ! ils parlent, eux, pendant que, nous autres, nous restons à *bosser* ! Quelle bande d'enc.... ! Est-ce qu'ils nous prennent pour des c... ! » Et il s'éloigne, furieux, frappant du pied, serrant les poings, s'exclamant, d'une invocation passionnée : « Ah ! Mussolini ! Mussolini !... »

§ 2. — Chambres meublées et restaurants.

En arrivant à Nantes, je choisis un petit hôtel, d'aspect assez misérable, pour y passer la nuit : je paie six francs pour une mansarde aux plâtres nus, au plancher rapiécé avec des morceaux de boîtes en fer blanc ; le mobilier se réduit à un lit de fer, deux chaises dont l'une est boiteuse, une petite table de toilette et une table de nuit. J'y tue une vingtaine de punaises qui me tourmentent bien que la saison chaude soit terminée.

Pendant deux jours, je cherche dans les quartiers populaires du quai de la Fosse et jusqu'au faubourg de Salorges un logis. Tous les petits hôtels meublés et les cafés sont au complet. Voici ce que je finis par découvrir à grand'peine :

— Chez un petit boutiquier, une chambre sombre, où l'on ne peut avoir accès qu'à travers celle du propriétaire, et qui ouvre sur une sorte de puits ; on m'en demande soixante-dix francs pour un mois en me laissant entendre qu'on la laisserait pour soixante.

— Dans un « meublé », situé au second étage d'un haut immeuble et où l'on accède par un escalier de granit à rampe de fer forgé, de style Louis XVI, un cabinet très propre, éclairé à l'électricité et ouvrant sur une petite cour très sombre, pour 70 francs.

— Dans un « meublé », situé au premier étage, où l'on parvient par un corridor aux dalles disjointes, aux murs nus et sales, et par un bel escalier de granit à rampe en fer forgé, de style Louis XV, tout imprégné d'odeur de moisi et de crasse, une chambre de 100 francs sera libre dans huit jours.

— Dans un restaurant populaire, on m'offre une grande chambre au prix de 100 francs par mois.

— Dans un « garni » situé au premier étage d'une maison modeste, mais très proprement tenue, je loue, pour 80 francs, une chambre de quatre mètres sur trois, prenant jour sur une rue claire et paisible. La chambre est parquetée, pourvue d'un grand placard et de deux petits, d'un lit de fer, d'une toilette avec deux serviettes, d'une table de nuit, d'une table et de deux chaises ; ce mobilier est fort propre et en parfait état. Je demande en vain une réduction sur le prix ; la propriétaire se plaint d'être écrasée d'impôts. Telle est la source principale de la vie chère : une mauvaise politique financière, qui découle d'une mauvaise politique générale, rendue inévitable par le jeu normal des institutions. Pour satisfaire la clientèle électorale, la retenir et la brider, il faut lui donner des places et lui offrir en pâture les fortunes grosses ou moyennes : la politique socialiste de destruction de la propriété individuelle et de pillage de la richesse publique est celle de la démagogie de tous les temps, dans ses formes modérées ou extrêmes. Toute tournée par la lutte constitutionnelle des partis vers la guerre intérieure, la République néglige nécessairement la menace extérieure des vrais ennemis — que la discontinuité de son appareil gouvernemental ne lui permet d'ailleurs même pas de prévoir et de prévenir — diminue les moyens de défense et d'action du pays, compose avec l'adversaire, accepte de n'être pas payée par l'Allemagne et de payer ses anciens alliés, si bien que sa politique extérieure concourt avec sa politique intérieure à dissiper deniers publics et deniers privés. Toute l'activité gouvernementale se traduit par une fiscalité croissante, dévorante, ruineuse, qui cause la vie chère, prépare banqueroute, Révolution, guerre civile, guerre étrangère, invasion.

Nombreux sont les restaurants populaires sur le quai de la Fosse et dans les petites rues qui y descendent. Plusieurs sont tenus par des Espagnols comme en beaucoup de nos villes de l'intérieur.

J'entre dans l'un d'eux, à midi : le public se compose d'hommes et de jeunes gens en casquette jockey ou casquette bleue à visière vernie et de quelques femmes en cheveux, tous très pauvrement vêtus : pantalons de velours ou de mauvais drap décoloré et rapiécé, chemises noires, ou bleues, ou blanc sale, vestons tachés et fripés ou gilets de lustrine à manches, jupes incolores et fichus crasseux. Je remarque un nègre, un vieil homme à visage d'employé ou de petit rentier ruiné, un jeune Juif boche qui lit ses *Deutsch Zeitung*. Un ouvrier dépense pour son repas 3 fr. 85 ; un autre, 3 fr. 20 ; un autre, 2 fr. 40 ; un autre, 2 fr. 10. Je prends à dessein les portions les plus chères : deux œufs sur le plat et une escalope de veau aux pommes, une compote, avec une chopine de vin rouge et trois morceaux de pain. L'addition monte à 4 fr. 60. La cuisine est bonne ; les portions, un peu petites. Néanmoins, il apparaît de suite que la nourriture est moins chère ici que dans les villes de l'intérieur. Ainsi, je remarque, dans le quartier commerçant, un restaurant bourgeois dont les petites tables sont couvertes de nappes : le repas, composé de hors-d'œuvre ou potage, deux plats (œufs ou poisson ou viande), un légume, un dessert, une chopine de vin, pain à discrétion, coûte 5 fr. 50 et, au cachet, 3 fr. 50.

J'ai fréquenté d'autres petits restaurants des quais, à clientèle de travailleurs manuels : la portion de légumes y coûte 0 fr. 60 et 0 fr, 70 ; les portions de viande, entre 0 fr. 80 et 1 fr. 75. Voici un de mes menus dans l'un des mieux tenus de ces restaurants :

Grondin mayonnaise............	0,80
Côte de porc aux pommes......	1,70
Compote de poires............	0,70
Deux morceaux de pain........	0,50
Chopine de vin rouge..........	0,50
Pourboire....................	0,20
	4,40

ou encore :

Merlan frit.....................	0,80
Filet de veau aux pommes.....	1,50
Compote de pommes..........	0,50
Deux morceaux de pain........	0,40
Chopine de vin rouge.........	0,50
	3,70

ou encore :

Merlan frit.....................	0,70
Saucisse au riz...............	0,90
Epinards......................	0,70
Compote de poires.............	0,70
Deux morceaux de pain........	0,60
Chopine de vin rouge..........	0,50
Pourboire.....................	0,20
	4,30

J'ai fini par prendre pension pour cent quatre-vingts francs par mois, soit moins de 3 fr. 20 par repas (ou 3 fr. 50 au cachet), dans une pension ouvrière du quartier Saint-Louis, qui compte une cinquantaine d'habitués et où, pour ce prix, j'ai droit à un hors-d'œuvre ou potage, un plat de viande ou poisson, un plat de légumes, un dessert, une chopine de vin rouge et du pain à discrétion.

La collation du matin n'étant pas comprise dans le prix de pension, je prends, dans un débit du quai, pour 90 centimes, un bol de café au lait avec une tranche de pain beurré.

Le blanchissage est presque moitié moins cher qu'à Paris et à peu près au même prix qu'au Mans. Moyennant une petite redevance supplémentaire, le linge est raccommodé. Voici une note de la semaine :

Une chemise....................	0,80
Un gilet de flanelle.............	0,70
Un caleçon.....................	0,80
Une paire de chaussettes.......	c,20
Un mouchoir...................	0,15
	2,65

Une coupe de cheveux chez un coiffeur du quai de la Fosse, au voisinage du pont transbordeur, coûte deux francs.

Dans l'île, un bain ordinaire, en baignoire, avec savon et deux serviettes, coûte 3 fr. 25 et o fr. 25 de pourboire.

§ 3. — La ville et les distractions.

Sur 200.000 habitants, Nantes compte environ 3o.ooo ouvriers, qui se partagent à peu près par moitié entre la métallurgie, d'une part, et, de l'autre, les industries des savons et de l'alimentation. Les usines se groupent surtout sur la rive gauche du bras de Loire qui baigne la ville, sur sa rive droite aux approches de la pointe de Salorges et, au delà, dans le faubourg de Chantonay. Le port, entre le pont transbordeur et la falaise de Salorges, déploie peu d'activité. La physionomie générale de la ville est d'une cité commerçante et non industrielle. Ses rues étroites, serrées entre de hautes maisons à trois et quatre étages, datant pour la plupart des XVIIe et XVIIIe siècles, aux façades chargées souvent d'admirables balcons de fer forgé, ses petites places si agréablement dessinées en demi-lunes, losanges, octogones, ses quais bordés de longues et imposantes façades ornées de balcons, couronnées de frontons, sont continuellement parcourus par une foule affairée. Des ruelles étroites, en coupe-gorge, avec parfois escaliers et voûtes comme en Italie, descendent au port, entre les maisons de granit sombre, de pierres noirâtres, de moellons de schiste dont le crépit est imprégné de fumée et de brume, de crasse et de charbon.

Sur les quais, le vent d'Ouest apporte des senteurs marines ; du fleuve, monte une légère odeur de marée

et de goudron. Parfois, c'est toute une journée de
pluie fine, de bruine fondante ; on circule dans une
atmosphère d'eau, dans une ville noire, sous un ciel
gris et bas. Ou bien un soleil d'automne agonise
dans un ciel bleu pâle ; il chauffe encore un peu les
quais et on le recherche ; mais soudain une nuée gris
plomb, soufflée par l'haleine de l'Océan, noircit
l'espace et le fleuve, la ville, enveloppe de brumes
les coteaux entrevus par delà la pointe des mâts et
crève, noyant tout. La nuée partie, un rayon pâle
vient traîner sur les flaques, s'éteindre dans la boue.
Mais, le plus souvent — cette année du moins —
un air tiède, la douceur du climat marin font de ce
mois d'octobre une sorte de fin d'été plaisante avec
une grande mélancolie répandue sur les feuillages
sombres du cours Louis-XVI et des jardins publics,
les cimes des arbres, les frontons des hôtels,
les quais, la Loire, la ville entière. Sur les bords du
fleuve, dans l'île voisine, dans les quartiers aristo-
cratiques ou commerçants, les magnifiques hôtels
du xviiie siècle déroulent leurs façades de palais
où s'abritait l'opulence des classes dirigeantes de
l'Ancien Régime : elles n'ont su ni se défendre ni
défendre les classes moyennes et populaires confiées
à leur vigilance, leur prévoyance et leur courage ;
l'héroïsme en sabots des gars de Charette ne trouva
point chez elles l'aide d'une semblable énergie. Elles se sont effondrées sous les coups que
l'ignominie et le crime inspirèrent au bolchevick
Carrier de leur porter.

De même, aujourd'hui : la société contemporaine
est toute pénétrée par les sociétés secrètes, leurs
idées pernicieuses, l'esprit de mollesse ou de jouissance, l'aveuglement et la lâcheté. Par bonheur,
toutefois, si déliquescente que soit notre société, il
s'y est reconstitué un noyau vigoureux et ardent,

au développement rapide, où tous sont résolus à sacrifier biens, liberté, vie même, pour sauver, avec la patrie, les principes essentiels d'une civilisation supérieure et le trésor des vérités éternelles. Ce qu'il faut continuer de redouter, malgré cette magnifique espérance, c'est la croissance lente et méthodique, progressive et prudente, du mal, telle qu'elle se produit surtout depuis un demi-siècle. Le mal qui se fait lentement se fait sûrement ; de l'opportunisme au radicalisme, au radicalisme-socialiste, au socialisme cégétiste, au communisme, cette évolution politique se poursuit en même temps que la transformation parallèle, profonde, des idées morales ; par un glissement continu, le pays tout entier s'enfonce peu à peu dans l'erreur et dans le mal.

On peut circonscrire, dans Nantes même, trois quartiers ouvriers : le vieux quartier du Marchix, dans la plus ancienne partie de la ville ; le quartier de la Fosse et de Saint-Louis, des xviiie et xixe siècles ; le quartier moderne de la gare de l'Etat, dans les îles de la rive méridionale. Deux faubourgs industriels importants, Batignolles et Chantonay, prolongent au loin la ville. Au delà, c'est la grande banlieue ouvrière — Trignac, Basse-Indre, etc. — qui forme la ceinture rouge de Nantes. Enfin, la sentinelle avancée sur la mer, Saint-Nazaire. En voilà plus qu'il n'en faut pour incendier toute cette région de l'Ouest. L'initiative du mouvement ne partira pas de cette zone provinciale ; la population, dans son ensemble, est assez modérée et les foyers révolutionnaires sont inclus dans une masse qui offre au parti de l'ordre, s'il est organisé pour l'action, d'abondantes ressources. Mais le feu, allumé ailleurs, s'y propagera vite, trouvant tous les éléments nécessaires pour déchaîner dans ce pays, resté bon dans l'ensemble, mais inerte, de nouvelles horreurs. Contrairement à une opinion trop communément reçue, si la Révolution se déchaînait en France, elle y serait pire qu'en Russie : une plus grande civilisation amène plus de raffinements dans le mal. En outre, l'expérience des révolutions passées profite aux révolutionnaires nouveaux qui perfectionnent leurs méthodes et aggravent leur cruauté ; le progrès se manifeste dans le mal comme dans le bien ; la Révolution russe nous en administre la preuve ; elle a réalisé, dans son genre, des progrès énormes sur le bolchevisme jacobin de 89-93.

Les cinémas, dans le centre de la ville, fournissent quelques distractions à la population ouvrière ou bourgeoise. Ils donnent des matinées au cours de la semaine, à 2 {h. 3o. Le samedi, beaucoup de jeunes ouvriers, déjà endimanchés, profitent de la semaine anglaise pour venir en matinée au Grand Ciné de la rue Scribe. Le Cinéma Palace, derrière le théâtre, donne *Le Voleur de Bagdad*. Je m'y rends à la seconde matinée, à 4 h. 3o, aux places les moins chères, les secondes, qui coûtent 2 fr. 25. Le tiers des sièges est vide : il fait si beau soleil ! L'assistance compte beaucoup de jeunes gens appartenant aux classes populaires, coiffés de casquettes, deux ou trois seulement sans gilet ni faux-col ; et aussi des hommes d'âge mûr, quelques familles, deux ou trois jeunes couples suspects. Un adolescent — tout au plus quinze ans — ouvrier ou employé, vêtu avec une certaine recherche, lit le licencieux *Froufrou*. Deux jeunes ouvriers échangent des propos variés. Ils parlent de leurs gains : « On est payé maintenant 3 fr. 25 *de* l'heure... » Ils plaisantent : « Ils feraient bien de mettre en mouvement le ventilateur ; je commence à transpirer des pieds... par la pointe des cheveux... — Ah ! ah ! ah ! » s'esclaffe son camarade. Les spectateurs sont tranquilles, silencieux, bientôt charmés par la merveilleuse féerie des Mille et une Nuits au point d'oublier qu'ils se trouvent dans cette salle, sur cette terre, en notre temps : ils sont tout yeux ; on n'entend pas remuer ; on oublierait même qu'il y a des spectateurs si parfois ne s'élevait des stalles une exclamation de joyeuse surprise.

On croise parfois dans la rue quelque ivrogne. Un jeudi, à midi, un homme d'une quarantaine d'années, ouvrier du port probablement, est déjà pris de boisson : il entre dans un débit demander une chopine de rouge, qu'il avale séance tenante, debout, en quatre verres, coup sur coup. Un lundi soir, à onze heures, sur les quais, en quinze minutes de marche, à peine, je croise successivement quatre hommes ivres, âgés de plus de trente et de moins de soixante ans ; le plus vieux s'en allait, l'air extasié, monologuant, secoué par le rire à la pensée du bonheur qu'il avait éprouvé le jour même : « Ah ! murmurait-il, jamais je n'ai été tant eng... qu'aujourd'hui ! » Deux fois, vers sept heures du soir, dans le quartier de la Fosse, je rencontre un ivrogne : l'un, titubant, emmuré dans un silence farouche ; l'autre, prolixe, se répandant en paroles abondantes et incohérentes ; tous deux d'une quarantaine d'années. Un mercredi soir, entre six et sept heures, un ouvrier, qui paraît âgé d'environ trente-cinq ans, arpente, ivre, le quai de la Fosse, un crucifix sur l'épaule : de temps à autre, il entre dans un cabaret, pose le crucifix sur la table, ou bien, dehors, le place sur le trottoir et, le regard voilé, la voix enrouée, le bras tendu, dit : « J' suis v'nu au monde tout nu ! Il faut que tout l' monde *soye* tout nu !... et crucifié !... » Les gens regardent l'homme, sourient avec indulgence et passent.

§ 4. — Les journaux et la Bourse du travail.

Les deux journaux locaux les plus ordinairement lus sont : *Le Phare de la Loire, de Bretagne et de Vendée*, organe républicain, et *Le Populaire*, organe radical-socialiste. « Le Cartel est le résultat d'un pacte entre les Républicains et le Pays. Le dissocier ? La loyauté s'y opppose. (1) » A propos de la mort de Léon Bourgeois, *Le Phare* écrit que « la France perd en lui un grand homme d'Etat et un remarquable écrivain » (2). Chacun sait qu'il ne fut ni l'un ni l'autre, mais, dans tous ses avatars, malfaisant ; en ce très haut dignitaire de la Maçonnerie, la France perd un de ses naufrageurs.

Le Quotidien, de son côté, imprime que « Léon Bourgeois, homme politique, fut surtout un philosophe et un artiste » (3) : philosophe autant qu'un primaire peut l'être. « Emile Zola », écrit Pierre Mille à propos du pelerinage de Médan, « fut un animateur, un guide, une conscience (4). » Hélas!... Aulard, qui continue de se hausser à ce rôle, écrit un grand article sur un livre où « le capitaine Monet dénonce civiquement nos erreurs en Indo-Chine : il voudrait qu'on n'ôtât pas au peuple annamite sa belle morale héritée... Que lui offre-t-on ? La religion catholique qui lui semble inférieure et à laquelle son élite répugne. » En outre, « on dirait

1. *Le Populaire*, 28 septembre 1925.
2. 3o septembre 1925.
3 3o septembre 1925.
4. 5 octobre 1925.

qu'on craint, en l'instruisant, de le rendre hostile...
Pour une population d'environ 22 millions d'habitants, il n'y a que 165.000 enfants qui reçoivent l'enseignement primaire... Quant à l'enseignement secondaire et l'enseignement supérieur, M. Monet trouve insensé qu'on impose aux Annamites une culture gréco-latine... Il montre que la Société des Missions catholiques, en Indo-Chine, inspire, dirige cette politique sournoise de domination. Elle a la puissance économique, elle possède la plus grande part du sol, elle a la presse, elle a l'argent; elle a un homme habile et remuant » (1). Le péril noir; quoi ! *Le Quotidien* le découvre même en Russie, où, paraît-il; « les Soviets légalisent par une voie détournée le mariage religieux ». En effet, « dans l'avenir, l'enregistrement (des unions) ne sera plus nécessaire... Mais. comme l'immense majorité des unions (illégitimes) conclues depuis 1918 furent les mariages religieux, ce sont ceux-ci qui bénéficieront surtout de la nouvelle loi », qui, par conséquent, « en réalité, représente une concession, sinon une capitulation voilée, devant le mariage religieux » (2). Le bolchevisme dénoncé pour son cléricalisme, il fallait *Le Quotidien* pour trouver cela ! L'autre péril qui sévit en Europe, c'est la dictature. « Le dictateur Horty machine en Hongrie un complot communiste » qui lui permet de se débarrasser des gens gênants ; « certains des inculpés sont odieusement torturés » (3). Mais ces abus d'autorité n'auront qu'un temps. Déjà, en Espagne, « la monarchie se sent chaque jour moins solide..., la chute de la dictature (de Primo de Rivera) est inévitable » (4). La conclusion pratique

1. *Le Quotidien,* 27 septembre 1925.
2. 2 octobre 1925.
3. et 4. *Idem.*

nous est fournie, au cours d'une grande manifestation républicaine à Orléans, par « MM. Chautemps et Paul-Boncour » : ils y « montrent la nécessité de l'Union des forces de Gauche » (1). Le péril est à droite : le Cartel seul peut le conjurer. Ne montre-t-il pas déjà en matière financière la bienfaisance de son activité ? Joseph Caillaux envoyé aux Etats-Unis pour régler la question de nos dettes revient bredouille ? Parfait ! C'est là « une solution d'attente... En définitive, tout est à recommencer. Mais il est cependant permis de croire que la démarche faite par la France aura des suites heureuses. Aucune propagande ne l'eût mieux servie dans l'esprit américain que cette attestation de sa bonne volonté » (2). « C'est un voyage blanc, mais un geste utile » (3).

Voilà les calembredaines dont le journal gouvernemental amuse le public.

Le journal du gouvernement de demain ne le berne pas moins : « La terreur blanche » sévit « en Pologne » et « une terreur inouïe recommence en Hongrie » (4) ; l'Italie est « sous la botte fasciste » ; elle subit une « féroce répression anti-communiste... Il semble que les lauriers des tyrans de Pologne, de Bessarabie, de Bulgarie, empêchent le dictateur Mussolini de dormir » (5). Les guerres ont pour conséquence « l'écrasement du prolétariat par le capitalisme », et *L'Humanité* se demande avec effroi « combien d'années durera la guerre du Riff », puisque « les militaires français reconnaissent que Krim est imbattable jusqu'au printemps » (6).

1. 5 octobre 1925.
2. 2 octobre 1925.
3. 3 octobre 1925.
4. *L'Humanité*, 27 septembre 1925.
5. *Idem*, 30 septembre 1925.
6. 5 octobre 1925.

Occupant un tiers de la première page du journal, un dessin montre un soldat qui s'écroule sous la lourde croix qui charge son épaule ; derrière lui, « Grande guerre 1914-1918 » ; devant lui, « Maroc 1925 » ; puis, quand il se relève sous son fardeau, Painlevé le cingle de coups de fouet. C'est « l'éternel Golgotha»(1).Une grève de vingt-quatre heures est préconisée en protestation contre cette guerre « impérialiste ». A Paris, « les femmes » se sont dressées « contre la guerre » ; à cette « conférence féminine pour une démonstration de grève de vingt-quatre heures (2)», Suzanne Girault et Marguerite Faussecave, dont le journal publie les portraits, ont prononcé des discours. Le lendemain, *L'Humanité* (3) déclare que « les soldats » doivent se tenir « aux côtés des grévistes contre la guerre... Il faut imposer au gouvernement de Painleriff la paix immédiate. Qui peut le faire ? Les soldats, en fraternisant sur tout le front... Les travailleurs des villes et des champs vont les y aider... Pour y contraindre le gouvernement, la classe ouvrière va... faire une grève de démonstration de vingt-quatre heures ». Et, le jour suivant : « Les soldats seront avec les ouvriers et les paysans contre la guerre, pour la grève générale. Les soldats fraterniseront avec les grévistes ! (4)» Albert Treint proclame que, « malgré la bourgeoisie et ses alliés, la grève générale va au succès... Les reportages à grand tapage d'Henri Béraud contre la Russie... font partie de la contre-attaque ignominieusement calomniatrice contre la grève de démonstration qui se prépare... Les masses ouvrières, leurs organisations et leurs cadres sauront déjouer toutes les

1. 28 septembre 1925.
2. *Idem.*
3. 29 septembre 1925.
4. 30 septémbre 1925.

manœuvres de la bourgeoisie et de ses alliés, les leaders réformistes et anarchistes. Jamais mouvement ne fut plus propice pour porter un coup efficace à l'impérialisme français... Le prolétariat, menacé par la guerre, la vie chère et les impôts, saura se défendre » (1). L'officier félon André Marty précise : « L'heure approche où le Comité Central d'Action, représentant les travailleurs de toutes les tendances qui veulent sauver leurs frères et leurs fils des charniers coloniaux, va lancer l'ordre... Soit par de nouvelles offensives, soit par le blocus étrangleur, les généraux du gouvernement de gauche de la IIIe République, fraternellement unis à ceux de ce singe criminel qui a nom Alphonse XIII, vont activer l'assassinat de l'héroïque peuple riffain. Assez de pleurs, assez de récriminations et de plaintes. Il faut agir... » Et, racontant la grève générale de Sébastopol, le 12 février 1919, « grève d'avertissement de vingt-quatre heures »,il en expose les conséquences, qui apparurent deux mois plus tard : « ... Lorsque le 15 avril la garde rouge apparut à l'horizon, alors éclata encore la grève générale, mais révolutionnaire cette fois. Quatre jours après, soldats et marins français mettaient la crosse en l'air, fraternisaient en cet après-midi du 20 avril dans un enthousiasme indescriptible avec les ouvriers et les ouvrières de Sébastopol. Le pavillon rouge flottait sur les bateaux de guerre... Camarades ouvriers et paysans, allez-vous comprendre la grandeur de votre tâche ?... Tous, vous vous lèverez, tous, vous déserterez au jour fixé les usines, les magasins et les champs, pour avertir solennellement le gouvernement de ce pays que, s'il veut continuer la guerre, il pourrait bien en

1. *L'Humanité* 27 septembre 1925.

avoir sur les bras une qu'il n'attend pas : la guerre des classes, la guerre des exploités contre les exploiteurs (1). » Celle-là, les pacifistes enragés du communisme la préparent avec frénésie.

Les Unitaires ne sont qu'une minorité à Nantes comme au Mans, comme en Russie. Ils n'en sont pas moins redoutables, constituant le noyau actif qui mettra la multitude en mouvement dans des conjonctures favorables et lui fournira cadres et grands chefs. Ils logent avec les Cégétistes — ce qui prouve qu'ils s'entendent assez bien — à la Bourse du Travail, grand et bel édifice construit avant la guerre dans le quartier Saint-Louis, derrière l'église. J'y ai assisté à plusieurs réunions communistes.

Un jeudi d'octobre, un placard mystérieusement affiché dans le vestiaire de l'usine nous invite à prendre part à une conférence, le jour même, à six heures du soir, à la Bourse du Travail, sous les auspices du « Comité central d'action. » A six heures, dans le vestibule de la Bourse, je trouve, attendant l'ouverture de la séance, trois ouvriers, une jeune femme très simplement vêtue, un ouvrier en élégant complet gris, casquette de drap bleu, pas de faux-col, accompagné de sa femme, vêtue avec recherche (souliers blancs, manteau beige, chapeau casque de couleur brune, nuque rasée, joues poudrées), et de leur enfant, un garçonnet de cinq à six ans, habillé, comme un fils de riche bourgeois, avec une veste rayée rouge et bleu, des souliers fins, un joli chapeau, et portant les cheveux fraîchement coupés à la dernière mode. A six heures et quart, une quinzaine d'ouvriers attendent dans le vestibule ; à six heures trente, environ soixante-dix. Et bientôt deux

1. *L'Humanité.* 2 octobre 1925.

réunions commencent : — dans la grande salle du rez-de-chaussée, dont les bancs offrent moins de quatre cents places assises, quatre-vingt-onze ouvriers charbonniers discutent une demande d'augmentation de salaire ; leur président couvre d'injures, en des phrases coupées de « hein ? » incessants, les « camarades » oublieux du paiement des cotisations, et le secrétaire, qui lui succède, multiplie à tout instant les « euh !... euh !... » ; — dans une petite salle du premier étage, qui est à peu près pleine, cinquante et un assistants, dont le couple élégant et le garçonnet, écoutent le conférencier qui prêche la grève de vingt-quatre heures et le boycottage des munitions et des transports pour mettre fin aux guerres « impérialistes » du Maroc et de Syrie qui menacent, prétend-il, de déchaîner une nouvelle guerre générale, semblable à celle dont nous venons de sortir.

Le surlendemain, samedi, le « Comité central d'action » donne à la Bourse du Travail une grande conférence, annoncée pour huit heures. A huit heures, quatre hommes et une femme attendent dans le vestibule ; la grande salle, ouverte et illuminée, est vide. A huit heures trente, je compte 40 personnes, dont six femmes, qui attendent. On vend *Le Métallurgiste* (1), « organe mensuel de la Fédération unitaire des métaux », qui étale en manchette : « Pour mettre un terme aux tueries coloniales, faisons la grève de vingt-quatre heures », et dont le principal article déclare : «... On se bat au Maroc pour le compte de la Banque de Paris et des Pays-Bas... » ; nous devons « mettre un terme à ce guet-apens contre un peuple qui veut vivre à sa guise... La guerre du Maroc est profondément

1. Numéro de septembre-octobre 1925.

anti‑populaire » ; dans les « Congrès ouvriers et paysans,... la grève de vingt‑quatre heures a été acclamée comme premier moyen d'action. » Sur le tableau noir du vestibule, on a écrit à la craie : « Grand meeting, toutes corporations grande salle. » Le mot « corporations » exprime si bien la réalité sociale, arbitrairement détruite par la Révolution française et niée par le libéralisme et le socialisme, que les révolutionnaires eux‑mêmes ne peuvent se retenir de l'employer. Deux ouvriers, voyant la salle encore vide, disent : « Tout le monde se désintéresse de ça. — C'est samedi ; ils sort *noirs* (1). — Ou en famille et alors ils ne se dérangent pas ; ça leur est égal que, pendant ce temps‑là, les autres se fassent casser la g... ! » Mais. que soit déchaînée la Révolution, et aussitôt la passion du pillage, de la bombance, de la saoûlerie, s'évoillant dans des milliers de cœurs, jettera la foule inconsciente derrière une poignée de bandits solidement organisés, encadrés, pourvus d'armes et d'argent, entraînés eux‑mêmes par les pires ennemis intérieurs et extérieurs de la France.

Bientôt, cinq hommes se groupent dans le vestibule et arrêtent entre eux la composition du bureau. Puis ils pénètrent dans la salle. Il est huit heures quarante-cinq. La séance est ouverte. Je compte quatre‑vingt trois auditeurs ; par la suite, leur nombre s'élèvera jusqu'à cent une personnes dont quatorze femmes et deux garçonnets. Les noms proposés à l'assistance pour composer le bureau sont aussitôt approuvés. C'est là tout le mécanisme des assemblées et, dans sa réalité dénudée, tout le jeu parlementaire : le débat public n'est qu'un leurre ; il a été machiné par avance, dans la coulisse. Le président est un homme d'une quarantaine d'années,

1. Ivres.

de haute stature, doué d'une voix grave et puissante ; il a pour assesseurs deux jeunes gens qui ne peuvent celer la joie que cet honneur leur cause. Les deux orateurs, un métallurgiste à la parole facile et un délégué du « Comité central d'action », venu de Paris, Moreau, au verbe impérieux et précis, développant cette idée « qu'il ne faut plus de guerre », que « les tueries marocaines doivent cesser sans retard ; nous sommes coupables contre les Rifains d'une abominable agression qui ne peut être comparée qu'à celle dont les nationalistes français accusent les Allemands de s'être rendus coupables contre nous en 1914. Cette guerre du Rif risque de provoquer une guerre générale, pire que celle qui vient de finir. Un autre danger nous menace : l'inflation, qui entraîne la cherté croissante de la vie et, avec l'insuffisance des salaires, la misère des ouvriers. Pour empêcher l'inflation, il faut supprimer les fonctionnaires parasites, réduire l'armée ; lorsqu'il n'y aura plus d'armées, la guerre deviendra impossible. Désarmons donc et créons les Etats-Unis d'Europe qui assureront la paix universelle. »

On conçoit que ces arguments spécieux puissent convaincre des esprits frustes, incapables de les critiquer et d'autant plus désireux de les trouver excellents qu'ils flattent leur besoin instinctif de n'être pas victimes de nouvelles bagarres internationales. Quelque excessive que soit la pauvreté des arguments qui leur sont présentés, ils sont incapables même de la soupçonner. Comment faire cesser les guerres entre peuples quand nous ne pouvons même empêcher entre individus les querelles, voire les coups, les meurtres ? Nous représenter comme les agresseurs des Rifains est un défi à la vérité : de tout temps, les Rifains ont été les agresseurs de leurs voisins ; en contraignant des pillards et meurtriers à respecter le bien et la vie d'autrui, nous accomplissons une œuvre de justiciers et de pacificateurs. Supprimer l'armée pour supprimer la guerre, c'est livrer le pays, qui se sera débarrassé de ces « fonctionnaires parasites », aux ennemis qui le guettent et qui, l'ayant conquis, incorporeront à leurs troupes les vaincus pour les faire servir à de nouvelles conquêtes. Créer les Etats-Unis d'Europe est facile à dire, mais suppose le problème de la paix déjà résolu. Si d'ailleurs ils étaient constitués, la paix ne serait pas assurée pour cela : la guerre resterait possible et plus effroyable avec les Etats-Unis d'Amérique, les Asiatiques, les Africains. Pour empêcher l'inflation, ce serait certes un procédé efficace que de supprimer des fonctionnaires en supprimant les fonctions indûment exercées par l'Etat, en désétatisant, en réagissant contre le socialisme qui nous a déjà si largement envahis : mais il est plaisant que les propos que nous avons relatés aient été tenus par des communistes qui ne rêvent que l'étatisation totale de toutes les activités dans tous les domaines, le fonctionnarisme universel, la suppression de la monnaie et la constitution d'une armée rouge puissante, garde prétorienne capable de tenir dans l'esclavage tout un peuple, horde conquérante prête à tenter d'y réduire d'autres nations et tout l'univers.

Moreau proteste contre l'emprisonnement des « camarades ouvriers » pour propagande contre le militarisme et contre le Maroc : «-Il ne sont pour rien dans la rédaction de l'affiche incriminée. C'est moi, l'auteur. Je suis seul responsable. Pourquoi les a-t-on frappés alors qu'on me laisse en liberté continuer ma campagne ? Je ne comprends pas !... »

Mais si ! il comprend très bien. Et nous aussi. Le gouvernement cartelliste est son complice : il lui fournit des arguments et lui laisse le moyen de les mettre en valeur, de les semer, de les faire fructifier. Les Kerensky au pouvoir préparent les voies aux Lénine de demain. « Faisons l'union des onze millions de salariés français ! s'écrie Moreau, et nous monterons victorieusement à l'assaut de la forteresse bourgeoise ! » C'est cela même : vive la guerre ! la guerre civile, s'entend. A bas toutes les guerres qui peuvent ajouter à la grandeur de la France ou simplement conserver son existence ! Mais vive la guerre, si elle peut affaiblir, ruiner, dissoudre, anéantir notre pays ! Moreau travaille pour Berlin et pour Moscou, pour les Etats de l'Europe soumis à l'impérialisme, soit germanique, soit moscoutaire.

Il faut remarquer que, pas plus qu'à la réunion précédente, il n'a été une seule fois question du communisme et de Moscou, mais seulement d'établir la paix entre les hommes, de réduire les impôts et le coût de la vie, d'élever les salaires, d'améliorer les conditions d'existence des ouvriers et des petites gens. Le maquillage de la pensée révolutionnaire communiste est complet : comment les ouvriers ne s'y laisseraient-ils pas prendre ? comment pourraient-ils flairer l'équivoque, discerner le piège ? Ils mordent à l'appât et s'abandonnent aux maudits qui les conduisent à la servitude et à la misère. Ce n'est pas seulement le fond de la pensée qui est fardé, mais la forme elle-même : pour présenter idées et arguments, les Unitaires recourent habilement à un style anodin et à un ton modéré qui trompent plus sûrement des auditeurs de bonne foi. La propagande n'est même pas faite sous les auspices du parti communiste ou révolutionnaire,

mais simplement d'un certain « Comité centra
d'action », formule incolore, bien imaginée pour ne
pas éveiller les inquiétudes des innocents. La Bête
a rentré ses griffes. Tous les moyens sont bons
pour abuser le peuple ouvrier. De même, ailleurs,
agissent-ils auprès du peuple rural ou commerçant, des professions libérales, du rentier, du bourgeois, par des moyens, arguments, formules, appropriés à chacune de ces catégories sociales. Voilà le
gouvernement du Peuple par le Peuple. Démocratie est Duperie.

La première réunion communiste, le jeudi 1er octobre, n'avait pas réussi : 51 auditeurs. La seconde,
le samedi 3, avait été moins mauvaise : 101 auditeurs. En présence de ces médiocres résultats, que
font les révolutionnaires ? Ils continuent, inlassa-
blement, et redoublent même leur effort : le mardi 6
et le jeudi 8, ils donnent de nouvelles conférences.
La troisième est due à l'initiative du Syndicat Unitaire du Bâtiment, qui convoque tous les ouvriers
du bâtiment, syndiqués ou non, « pour protester
contre la guerre, contre les impôts nouveaux,
contre la vie chère, pour réaliser l'unité de toute
la classe ouvrière, pour obtenir de meilleures conditions de salaires et préparer la grève générale
de protestation de 24 heures. » La quatrième est
organisée par le « Comité central d'action », qui
adresse son appel « Aux ouvriers et paysans de la
région de Nantes » ; prendront la parole Garchery,
député de la Seine, et Moreau, du Comité central
d'action, pour « développer les mots d'ordre suivants : paix immédiate avec les Rifains, évacuation
du Maroc et de la Syrie, lutte contre l'augmentation des impôts à la charge de la classe ouvrière,
échelle mobile et augmentation des salaires, libéra-

tion des emprisonnés civils et militaires ; pour la grève de protestation de 24 heures ».

On voit leur ténacité. Leurs premiers échecs n'ont d'autre effet que de les amener à dépenser plus d'énergie dans leur œuvre de mort. En face de cette dévorante activité, leurs adversaires restent figés dans l'inertie. Le jour de la révolte, le petit noyau que les Unitaires mobiliseront entraînera tout le reste. Quand les esprits ont été suffisamment préparés et quand les circonstances s'y prêtent, il suffit de lancer dans un atelier le mot d'ordre de sortir une heure avant l'heure réglementaire pour que le travail cesse partout au moment fixé ; la consigne circule de tous côtés et est exactement obéie. Il en sera de même le jour où on leur dira : « Vous êtes affranchis. Prenez, pillez, tout est à vous. »

Le lundi 12 octobre 1925, le Parti communiste a déclanché la grève générale de 24 heures. Une minorité d'ouvriers seulement, même à Paris et dans sa banlieue, a obéi à la consigne de la C. G. T. U. Mais, dans la banlieue parisienne, cette grève a, d'emblée, revêtu un caractère révolutionnaire : des centuries sont entrées en action ; Saint-Denis a été, tout le jour, aux mains des Rouges ; à Suresnes, assaut a été donné à une usine; sa pompe à incendie a inondé les assaillants ; des coups de revolver ont été tirés par les assaillis et un des agresseurs a été tué.

La tentative n'a pas eu de lendemain. L'alerte passée, chacun est retourné à ses affaires, oublieux du danger. Les communistes intensifient leur propagande (1) et recommencent à préparer de nou-

1. C'est en particulier le cas, au cours de 1926, pour les ateliers du chemin de fer du P. O., à Saint-Pierre-des-Corps que j'ai étudiés dans *La Menace rouge.*

velles manifestations tendant à accroître l'agitation jusqu'à ce qu'ils parviennent, aidés par les circonstances, l'incapacité du gouvernement et la faiblesse constitutionnelle de l'Etat, à déclancher le mouvement révolutionnaire.

§ 5. — La vie religieuse et les ouvriers.

Une paroisse porte le vocable de saint Louis, organisateur des Métiers, patron des Corporations. Mi-ouvrière, mi-bourgeoise, elle dessert les quartiers du port, les rues qui avoisinent le quai de la Fosse et, derrière son abside, un quartier bourgeois. Le nombre de ses habitants s'élève aux alentours de 20.000. L'église contient environ 1.200 places. Il y est célébré, le dimanche, huit messes dont une grand'messe. Si l'église était pleine à chaque messe, elle n'aurait reçu que 9.600 à 10.000 personnes, c'est-à-dire la moitié seulement des paroissiens.

Les quatre premières messes réunissent une assistance de gens d'apparence modeste ; parmi les femmes, les bonnets sont nombreux. A partir de huit heures, commencent à apparaître les personnes vêtues avec élégance : elles arrivent, affairées, pendant le début de l'office jusqu'à l'évangile, et un certain nombre se retirent à la bénédiction.

J'ai compté, au moment de l'Offertoire, les fidèles présents aux quatre premières messes :

A six heures, il y avait environ 110 personnes, dont une vingtaine de religieuses, une douzaine d'hommes et un adolescent.

A six heures trente, environ 140 personnes, dont une douzaine d'hommes et 3 garçons.

A sept heures, environ 200 personnes, dont 27 hommes et 3 garçons.

A sept heures trente, environ 180 personnes, dont 24 hommes et 3 jeunes garçons.

A huit heures, 327 femmes, enfants, adolescents, et jeunes gens des deux sexes, et 62 hommes.

A neuf heures, 466 femmes, enfants, adolescents et jeunes gens des deux sexes, et 122 hommes.

A la grand'messe de dix heures, 511 femmes, religieuses, enfants des écoles, jeunes gens des deux sexes, et 38 hommes.

A onze heures trente, 922 femmes, enfants, adolescents et jeunes gens des deux sexes, et 160 hommes.

Au total, 3.238 personnes, dont 457 hommes.

Quelques familles bourgeoises ne rentrent de la campagne qu'à la fin d'octobre. Plusieurs chapelles de couvents reçoivent un certain nombre d'habitués. Le chiffre maximum des assistants aux diverses messes dominicales peut s'élever aux environs de 5.000, sur lesquelles les ouvriers ne comptent que pour une quantité infime et pratiquement négligeable.

CONCLUSION

La vie ouvrière en province est plus facile, plus salubre, plus agréable qu'à Paris. Si l'ouvrier est moins payé, du moins le coût de l'existence est-il moins élevé, la nourriture plus abondante, le logement plus sain et plus plaisant, la vie de famille plus favorisée.

Dans ces pays vinicoles de l'Ouest, nous avons constaté quelques cas d'ivresse publique. Cette intempérance est presque toujours le fait d'hommes qui ont dépassé la quarantaine ou d'ouvriers du bâtiment.

Il n'y a pas de chômage, bien qu'à de certains moments on le craigne. Mais le ralentissement de la production est un fait isolé et passager. D'une façon générale, le chômage est conjuré par l'activité de l'exportation, stimulée par la baisse du franc. La production est donc anormale, conditionnée par un état pathologique qui nous pousse à la plus terrible des crises. Sans nous en rendre compte, vendant à des prix inférieurs à la valeur réelle des objets, plus nous exportons, plus nous perdons. Notre situation ressemble à celle de l'Allemagne à la veille de sa banqueroute.

Les salaires suivent la hausse du prix de la vie et la préparent, étant effet et cause. Et nous voilà au rouet. Dans les circonstances exceptionnelles et exceptionnellement graves que nous traversons, ce cercle sans fin présente un inquiétant aspect. Dans des circonstances normales, l'élévation absolue du taux des salaires est éminemment désirable : encore faut-il qu'elle soit possible ; elle dépend moins de nos désirs que des réalités devant lesquelles ils doivent céder ; nécessité fait loi. D'ailleurs, la solution du problème du budget ouvrier ne réside pas seulement dans l'élévation du salaire, mais aussi dans son emploi. En aucun temps et aucun lieu, personne, en quelque situation sociale que ce soit, n'a jamais constitué une réserve de richesse, c'est-à-dire capitalisé, qu'en épargnant, c'est-à-dire en se privant. Le résultat auquel l'effort individuel d'épargne ne peut atteindre, l'effort mutuel des épargnants permet d'y parvenir. Il est de fait que l'ouvrier isolé arrive très exceptionnellement à vivre, élever sa famille, se garantir contre les risques de la vie et la vieillesse, mais que l'association des épargnants leur permet de se garantir contre les menaces du lendemain. Pour l'ouvrier, l'épargne collective est nécessaire : elle trouve dans le métier son cadre naturel, dans le patrimoine collectif du métier son expression rationnelle et historique.

La journée de huit heures, assurant des loisirs qui, nous le constatons, favorisent la vie de famille, est en soi excellente ; mais, dans les conjonctures graves où les destinées du pays sont en jeu, elle est inopportune.

Le mécanicien du tissage choletais estime que les ouvriers sont plus heureux qu'avant la guerre. La patronne de l'auberge, à Cholet, remarque qu'ils vont aujourd'hui en grand nombre passer au bord de la mer quelques jours de congé. Le taux des salaires est, en effet, calculé assez largement par rapport au coût de l'existence. La journée de huit heures et la pratique des congés annuels permettent un repos salutaire. La vie de l'ouvrier est donc moins pénible qu'autrefois. Il en résulte une détente dans les rapports entre salariés et employeurs. La réduction de la journée de travail et les forts salaires constituent des facteurs de paix sociale. Mais ces conditions du travail supposent que les circonstances économiques n'exigent pas un effort exceptionnel et des privations momentanées. Notre activité productrice est factice, l'altération de notre monnaie fouette artificiellement le commerce et l'industrie, crée le mirage des bénéfices illusoires en provoquant des pertes réelles ; nous dépensons plus que nous ne gagnons, la nation s'appauvrit, l'Etat se ruine ; il faudrait donc, d'une part, intensifier la production en accroissant les débouchés extérieurs, de l'autre, réduire les dépenses superflues, travailler et économiser, d'une façon générale proportionner notre activité et notre train de vie à nos ressources. La crise résolue, il resterait à réaliser les conditions objectives qui permettraient d'assurer aux ouvriers, par de forts salaires et une journée de travail modérée, une existence plus heureuse.

Ces réformes ne vont pas sans une organisation de l'atelier où, si faire se peut, le salarié est intéressé par des primes à produire, et sans une organisation professionnelle qui associe l'ouvrier à la vie et à la prospérité de la profession.

L'expérience prouve (1) qu'il faut intégrer l'ouvrier à la profession par l'organisation corporative et non par le moyen de la co-gestion et des conseils d'usines, qui est utopique et dangereux : les comités d'usines nous achemineraient à la République industrielle, extension à l'industrie et à toute l'économie nationale des défauts de la République politique, l'incapacité, la brigue, la corruption, le bayardage d'avocat, le gâchis parlementaire. A Cholet, par exemple, il n'y aurait pas seulement place pour les grandes corporations — du textile, de la chaussure, du commerce, de la banque — mais pour les corporations d'artisans : l'artisanat y est très développé, en ville et dans les campagnes avoisinantes : ouvrières piquant ou brodant les mouchoirs à domicile, ateliers familiaux, tisserands, ruraux. Si le libéralisme économique n'était pas maître du Choletais, toutes ces activités groupées en associations fortes et riches assureraient à leurs membres une sécurité et une aisance qui rendraient toute la région réfractaire à la propagande socialiste et libre-penseuse.

Les obstacles à l'institution de la corporation proviennent du préjugé individualiste chez les personnes et de la constitution jacobine de l'Etat. Ou bien les patrons d'une même industrie, d'une même ville, ne comprennent pas l'utilité, encore moins la nécessité, de l'entente mutuelle entre tous les éléments producteurs, réglée par un statut organique qui enveloppe toutes les manifestations de leur activité productrice, protégeant et favorisant la satisfaction de leurs besoins et intérêts communs ; ou bien un certain nombre d'entre eux comprennent et désirent organiser le métier, mais quelques-uns, réfractaires à cette conception, leur font échec : une

1. Voir également *La Menace Rouge*, au chapitre de la fabrique de meubles en série.

concurrence meurtrière et un désordre ruineux continuent de régner entre eux pendant qu'entre employeurs et employés fermentent les causes de mésentente, d'aigreur, d'irritation, de lutte de classes, de guerre sociale. Pour être pleinement efficace, la corporation devrait être légalement dotée de droits, franchises et libertés, qui la rendraient désirable et séduisante pour tous les producteurs : mais le caractère à la fois individualiste et étatiste, anarchique et oppressif, libéral et socialiste, de l'Etat moderne, sorti tout armé du cerveau de Jean-Jacques, s'oppose à une réforme professionnelle qui postule son extension à la société tout entière et par conséquent à l'État lui-même. La conception organique du métier appelle la conception organique de la société et de l'Etat présentement livrés aux dissentiments, querelles, divisions, déchirements, à la guerre intérieure, à la guerre civile sèche des partis. Des corporations citadines et rurales, riches et puissantes, dans le cadre d'institutions politiques fortes et souples, définies par la nature même du corps social, de ses organes et de leurs fonctions, voilà la seule voie du salut ouverte à qui veut échapper au libéralisme, qui est détestable, à l'étatisme, qui est monstrueux, à la Révolution, qui les engendre successivement l'un et l'autre.

Mais, en l'absence d'organisation professionnelle corporative, les problèmes sociaux posés et non résolus entretiennent et aggravent, dans le monde patronal, les difficultés, l'instabilité, les crises ; dans le monde ouvrier, le malaise, le mécontentement, l'hostilité ; partout, le désordre. Les révolutionnaires ont beau jeu pour l'étendre et l'intensifier, pour l'accroître de toutes manières.

L'irréligion croissante et l'immoralité qui en découle facilitent leur action et en multiplient les ravages. Les statistiques d'assistance à la messe dominicale nous fournissent le témoignage du progrès rapide et incessant de la déchristianisation dans des provinces qui ont été des foyers de foi militante jusqu'au sang et qui ont le plus longtemps résisté à l'invasion des idées et des mœurs néopaïennes. Le clergé, trop peu nombreux, mais suppléant en général à son insuffisance numérique par une activité, un zèle, un dévouement admirables, faisant tout ce qu'il peut et parfois se dépensant au delà de ses forces, démontre, par cela même, que, quels que soient ses efforts, ses vertus, voire sa sainteté, il reste incapable de lutter efficacement contre les causes réelles de l'indifférence et de l'ignorance religieuses, de l'apostasie, de la haine contre le catholicisme. Ces causes neutralisent son effort, posent à son sacrifice l'*obex*, l'obstacle pour le moment invincible, font reculer sans cesse son influence, détruisent ce qu'il sème, réduisent sans cesse davantage le nombre des fidèles.

La cause lointaine et toujours agissante de cette déchristianisation progressive et rapide est la Révolution française, ses doctrines religieuse, morale, politique et économique. La cause générale et prochaine en est le régime politique qui, faisant appel au plus grand nombre, autrement dit à l'ignorance et aux passions cultivées et exaltées par une oligarchie secrète que mène l'étranger, rend possible, facile et même fatale, la diffusion croissante de ces erreurs. Les facteurs intellectuels de déchristianisation — science et philosophie erronées — doivent être combattus par les moyens appropriés, qui sont de l'ordre intellectuel. Mais cette lutte sera insuffisante et probablement même vaine tant que la politique générale fera échec à leur activité : si l'Etat détient tout l'enseignement (monopole) ou le détient presque totalement (régime actuel de liberté apparente, puisque les moyens financiers des particuliers seront toujours très inférieurs à ceux de la puissance publique, et puisque l'Etat seul délivre les diplômes et dispose de la contrainte administrative), l'effort intellectuel de ses adversaires demeure impuissant : l'enseignement officiel, en le passant sous silence, l'empêche de parvenir aux jeunes et même aux adultes. La poiitique fiscale aura d'ailleurs pour effet rapide de tarir les ressources privées indispensables à l'étude désintéressée, poursuivie en dehors de tout subside officiel. La transformation progressive et rapide de l'Etat libéral en Etat socialiste rend de plus en plus difficile la défense efficace des idées, croyances et pratiques religieuses.

La cause la plus générale et la plus profonde de la déchristianisation est donc d'ordre politique : politique de laïcité et lois qu'elle inspire (laïcisation de l'Etat, des administrations, de l'enseignement (1), loi du divorce). Tout ralliement à cette politique et à ces lois doit être combattu sans pitié. Cette politique est elle-même sous la dépendance de la constitution de l'Etat. Soumis à la loi du nombre, au suffrage universel inorganisé dans une société inorganique, l'Etat électif, parlementaire, démocratique, républicain, est obligé, pour ne pas périr dans les remous de l'opinion ignorante, incompétente, amnésique, changeante, incohérente, jouet des lois de la psychologie des foules, de se créer une armature secrète qui est l'Etat véritable : les grands syndicats d'appétits, les puissants consortium du commerce, de l'industrie, de la banque, les

---

1. 8o.000 instituteurs ont adhéré à la C. G. T. et 20.000 à la C. G. T. U.

ligues financières internationales, les omnipotents
organes de pénétration (dans un Etat aussi perméable qu'une République à toutes les influences
de l'intrigue et de l'argent) des plus redoutables
parmi les Etats étrangers, se disputent le privilège
de réduire à leur obédience un peuple ivre des illusions d'une souveraineté factice, en réalité dépourvu
de tout moyen de défense contre ces convoitises et
même de toute conscience des dangers qu'il court.
Un Etat international occulte, la F.·. M.·., s'efforce à capter ces influences diverses, à les disci-
pliner sous sa volonté unifiante ; elle est elle-même
le champ clos d'influences rivales, mais très sé-
lectionnées et en très petit nombre, qui semblent
toutes plus ou moins subordonnées à celle de
l'Etat juif international, porté sur l'aile de l'invincible espérance messianique et messager de l'Anté-
christ.

Il serait absurde d'alléguer l'indifférence des formes politiques : il n'est rien d'indifférent ; tous les
phénomènes sociaux sont reliés et liés par leurs
inter-actions. La forme politique ne sera indifférente que le jour où un phénomène sensible quel-
conque pourra n'être ni cause ni effet. La notion de
l'indifférence des institutions politiques n'offre pas
moins d'absurdité à quiconque, envisageant leur
fonction, les analyse ; elles lui apparaissent aussitôt comme l'appareil de coordination et de direction
de tout le corps social ; les tenir pour indifférentes
reviendrait à affirmer que, pour l'organisme biolo-
gique, avoir ou n'avoir pas de système nerveux,
posséder celui d'un invertébré ou d'un insecte ou
d'un quadrupède ou le système cérébro-spinal de
l'homme, revient au même. La valeur et les directions spontanées, le *clinamen*, du gouvernement
d'une nation ne dépend pas seulement des hommes

qui gouvernent, mais de la constitution politique
de cette nation, de même que, dans une usine, la
puissance de production ne résulte pas seulement
de l'habileté des ouvriers, mais aussi et surtout de
la supériorité de l'outillage : un enfant, actionnant
par une pression sur un bouton électrique un marteau-pilon, produira plus et mieux que cent géants
se servant d'enclumes et de marteaux primi-
tifs. Une démocratie, une République, tend naturellement et, dans certaines circonstances his-
toriques, invinciblement, au paganisme, parce
qu'elle dépend, non de la qualité, mais de la quantité, du plus grand nombre, c'est-à-dire des plus
ignorants, des plus bêtes et des plus mauvais, des
passions les plus basses, et parce qu'elle ne peut
mettre quelque stabilité dans sa vie et quelque
orientation dans ses destinées qu'à la condition de
subir les suggestions incontrôlables, insaisissables,
et par essence déformantes, des noyautages et
cercles intérieurs (1). Le sort de l'Etat étant à la
merci du suffrage universel, l'Etat a été contraint
de chercher à assurer sa continuité et sa durée en
domestiquant et en manœuvrant le suffrage universel et, tout spécialement, le suffrage de millions
d'ouvriers, par l'école qui lui fabrique des électeurs,
par les comités qu'inspirent les éléments de son armature secrète, par la grande presse serve de la
Finance, par les influences administratives, d'autant plus irrésistibles que l'étatisation progressive
et, bientôt, l'école unique mettent et mettront de
plus en plus, dans un Etat toujours plus socialiste,
tous les citoyens à la merci de la puissance publique. Dans ces conditions, le droit et la liberté de

1. Voir Augustin Cochin, *Les sociétés secrètes et la démocratie*, et *Libre-pensée et révolution*.

la Vérité religieuse deviennent un leurre, la propagation et la conservation de la Foi, humainement, une impossibilité.

L'inorganisation professionnelle et l'irréligion laissent le champ libre à la Révolution. Et nous avons vu qu'elle l'envahissait à grande allure : la population ouvrière choletaise, incertaine de ses destinées, mais complaisante aux suggestions d'extrême-gauche, s'abandonnera à la forte impulsion des réalisateurs ; les ouvriers nantais, pénétrés par la propagande socialiste, suivront les meneurs lorsque le signal de la révolte aura été lancé ; au Mans, nous avons surpris une puissante organisation communiste, maîtresse cachée de l'usine. Moscou dirige toutes les forces des salariés français vers cette guerre civile dont il a élaboré le « Règlement » pour l'univers (1). Au début de 1926, Zinovief prévoyait comme prochaine « une situation aiguë en France » et tenait les deux millions d'ouvriers étrangers qui y travaillent pour une armée d'« agitateurs » toute prête. Les cellules d'entreprise fourniront à la société française bolchevisée ses cadres directeurs lorsque, sur un mot d'ordre, elles auront pris violemment possession des usines et des services publics, massacré patrons, ingénieurs, chefs, notables, intellectuels, bourgeois. Après la destruction sanglante de ses élites, la société française, saignée à blanc et décérébrée, sera livrée, comme la Russie, à la tyrannie d'une douzaine de terroristes, bandits de droit commun.

Pour empêcher la mobilisation de l'armée du crime, il suffirait à un gouvernement soucieux du bien public d'occuper le 120 de la rue La-Fayette et quelques autres locaux où se rassemblent les états-

---

1. Voir *Revue de Paris*, 15 avril 1925.

majors de la Révolution (1) et d'arrêter les chefs. Malheureusement, la société française est entraînée au cataclysme par ses gouvernants eux-mêmes qui y voient un moyen exceptionnel de satisfaire leurs intérêts personnels : les troubles monétaires leur permettant de jouer fructueusement à la Bourse, ils les prolongent pour s'enrichir ; l'impôt sur le capital leur apparaît comme le moyen de dépouiller de leurs biens les citoyens contraints à les vendre à vil prix ; des banques hypothécaires, pour la plupart aux mains des Juifs, s'apprêtent à enfermer les victimes dans un réseau d'échéances auxquelles il leur sera très vite impossible de faire face. Toute l'activité des hommes politiques est tournée vers ces exploits de bande noire : il s'agit de liquider les biens des bourgeois, industriels, commerçants, petits épargnants, comme, il y a vingt ans, les biens des congrégations. Les politiciens dont le regard porte plus loin que le champ de ces opérations immédiates envisagent cette liquidation comme la phase et le moyen de transition légale au communisme, qui transformerait le pays entier en une immense et unique Société anonyme dont ils seraient les administrateurs et les bénéficiaires. Cette opération de brigandage est masquée sous les formules de justice sociale et d'émancipation du peuple.

Une semblable opération est, non seulement facilitée, mais nécessitée par les institutions républicaines : le régime électoral contraint les candidats et les élus à tromper l'électeur ou le tenir dans l'ignorance, flatter ses instincts, exciter ses passions, sacrifier la Patrie au parti, la justice à l'intérêt ; les gouvernants ne peuvent se maintenir au pouvoir,

1. V. *La Revue de Paris*, 1ᵉʳ avril 1926, et la citation qu'en fait *Le Matin*, 5 avril 1926.

si profitable à leur industrie, qu'en divisant la nation, en jetant une classe sociale sur une autre classe, en promettant le petit nombre, comme une proie, au grand nombre, dût le pays se ruiner, la nation périr. La démocratie est toujours une démagogie. Comme il y a plus d'ouvriers que de patrons, plus de locataires que de propriétaires, plus de consommateurs que de commerçants, plus de petites fortunes que de moyennes ou de grandes, l'industrie électorale consiste à offrir en appât à la multitude tous les biens qu'avaient créés et accumulés le travail, l'intelligence, la prévoyance, l'économie, ces hautes vertus qui font les sociétés grandes et prospères. Ainsi se découragent les meilleurs, sont reniées les vertus traditionnelles, épuisées les réserves grossies au cours des âges ; ainsi meurent un Etat, une civilisation.

Légales ou sanglantes, les révolutions commencent toujours de la même manière : l'offensive est menée par des organisations secrètes qui mobilisent une population ignorante des buts auxquels on la fait servir ; chez ceux qui devraient défendre l'ordre, l'illusion optimiste des uns, l'inertie peureuse du grand nombre, les concessions bêtes ou lâches des autres qui, par intérêt et calcul ou par aveuglement et inconsciemment, trahissent, font le reste. Et tout s'écroule dans un désordre sans nom, dans le crime, dans le sang. Les troupes d'élite de l'armée rouge sont à pied-d'œuvre, prêtes à infliger aux récalcitrants les pires supplices : bourreaux expédiés de Moscou, communistes d'Italie et d'Espagne, officiers du service d'espionnage allemand, Juifs, indigènes algériens, Chinois experts en l'art des cruautés raffinées. Le progrès n'est pas un vain mot : il est, surtout dans le mal, rapide. Et l'on a fait beaucoup de progrès dans la science des revolutions depuis Carrier. Ce Conventionnel sanglant et immonde, entre tant d'autres, ne s'est livré qu'à jeux d'enfants auprès des férocités dont seraient victimes tous ceux qui ne se décideraient pas à opposer à la Barbarie menaçante une infranchissable barrière : paysans et ouvriers, prêtres, commerçants et bourgeois, soldats et hommes politiques. Mais, chez ceux qui devraient avoir une vue claire du danger et une volonté ferme de se défendre, il y a parfois tant de naïveté et de sottise ! Celui-ci suppute les conséquences, heureuses pour ses intérêts, de l'amitié qu'il noue avec des communistes de marque ; celui-là assure, d'un geste large, qu'il s'empresserait de livrer sa cave aux émeutiers et de trinquer avec eux ; cet autre s'indigne de s'entendre donner l'amical conseil, dont sa digestion est troublée, de se tenir sur ses gardes ; en voici qui supputent déjà les profits qu'ils tireraient de trahir les convictions qu'ils affichent et les amis qu'ils affectent de défendre ; et ces niais qui vous écoutent avec un sourire d'ironie parce qu'ils ne sont pas de ceux auxquels il est facile d'en conter ! et ces lâches qui pensent déjà à fuir ! et ces pieux démocrates qui ne tiennent pour amis que leurs ennemis et pour ennemis que leurs amis ! Ah ! la belle ménagerie de bêtes curieuses, mais stupides et malfaisantes ! Et comme les Rouges la connaissent bien cette psychologie de gens d'avance vaincus, prêts à se cacher dans leurs caves s'ils appartiennent au genre léporide, ou à livrer les portes de la Cité s'ils ont l'âme de Judas !

Les effroyables ravages du bolchevisme français de 1789-93 n'ont été possibles que parce que la société française s'est abandonnée à ses ennemis. Pénétrée jusqu'aux moëlles par les influences des sociétés secrètes qui préparaient ce bouleversement, affaiblie par une vague sensiblerie qui la sollicitait de s'accommoder des idées ennemies, la société française de l'Ancien Régime a sombré parce qu'au moment de l'assaut ceux qui en avaient la garde n'ont pas, tous, fait leur devoir qui était de combattre, sur place, les armes à la main, dès le début, le Gorille humain déchaîné.

En 1917, la société russe n'a sombré que faute d'avoir voulu combattre l'ennemi intérieur : si seulement les deux millions d'ouvriers, de paysans, d'intellectuels, de bourgeois, de nobles, d'officiers et de soldats, que la Brute bolcheviste a assassinés dans ses prisons — je ne parle pas des millions de victimes de la guerre civile et de massacres ni des 3o millions (1) d'hommes, de femmes, d'enfants, morts de froid, de faim, de maladies, de misère, ces messagers du communisme, ces oiseaux noirs de la Sauvagerie renaissante — avaient su prévoir, s'organiser et agir, ils se seraient sauvés en sauvant la Russie. La société russe s'est effondrée parce qu'elle s'est résignée.

La menace de la même déchéance pèse sur nous parce que les bons, les excellents éléments, qui subsistent en si grand nombre, en énorme majorité, dans notre pays, dorment du sommeil qui ne cesse que dans la mort ou ne cherchent qu'à s'entendre avec l'ennemi par des concessions incessantes et stériles. Folie de l'inaction criminelle ou vertige de la conciliation niaise, voilà qui laisse le champ libre à la Horde, à son rut de pillage, de luxure et de sang. Qui ne veut ni voir, ni comprendre, ni lutter, trahit. Le ralliement systématique, le soumissionnisme sans limite, le respect servile, animal, d'un régime néfaste et de lois injustes (2), l'oubli des droits sacrés qui assurent à la personne humaine

1. V. les statistiques et informations de source soviétique officielle publiées par Fédoroff, *La Russie sous le régime communiste*.

2. V. Riquet, *Sa Majesté la Loi, le Droit contre la Loi*

les sauvegardes nécessaires ont, par une contagion mortelle que facilite la complicité de la paresse, de l'égoïsme et de la lâcheté, gagné une multitude d'honnêtes gens devenus indifférents à ce devoir de lutte acharnée contre l'erreur et le mal, dont les Croisés, les catholiques du xvi° siècle et les Chouans nous ont légué la leçon sacrée.

La Révolution ne serait, chez nous, que la crise par où s'achèverait l'évolution du régime. Depuis un demi-siècle, la République s'est employée à créer un état d'esprit qui conduise à la Révolution, la rende possible, aisée, inévitable. Ecole laïque, presse officieuse et journaux de pseudo-opposition, politique générale, doctrines officielles et moyens employés pour leur réalisation, tout a créé une ambiance propice à l'avènement du régime révolutionnaire intégral. Les voies lui ont été préparées par des concessions constantes et successives, méthodiques et progressives. Nous y sommes conduits par étapes, même par gradations insensibles, dont chacune est l'œuvre de modérés composant sans cesse avec le mal, réalisant par degrés et à petites doses le programme des enragés. Ainsi s'explique que nous constations partout un état d'esprit déliquescent qui nous fait glisser insensiblement aux réalisations révolutionnaires. Les forces sociales sont en voie de dissolution.

Sans une réaction salutaire, l'amélioration du sort du travailleur est impossible. On ne peut l'espérer ni même la concevoir si l'on continue de détruire les principes essentiels sur lesquels repose une société ordonnée et dont sa prospérité découle : discipline religieuse et morale, propriété individuelle, forte constitution de la famille, intégrité de son patrimoine et de l'héritage, droits et libertés des individus et des corps, limitation des prérogatives de l'Etat à l'accomplissement souverain de ses fonctions propres. L'amélioration de la condition des ouvriers n'est pas moins irréalisable si l'on compromet la prospérité et même l'existence de l'entreprise dont ils vivent ; parmi les conditions essentielles que l'entreprise doit remplir, il faut placer au premier rang l'intérêt personnel, l'autorité et la responsabilité du chef ; tout ce qui les diminue compromet l'affaire qu'il dirige. Affaiblir la société dans ses fondements ou dans son commandement, c'est diminuer sa puissance et sa richesse. Dans les deux cas, la condition de l'ouvrier s'aggrave nécessairement. Toute mesure inspirée par les idées socialistes ou orientant, soit la nation, soit l'usine, vers le régime socialiste, est dirigé contre l'ouvrier. Le socialisme est l'ennemi de l'ouvrier, comme de toutes les classes sociales et de toutes les sociétés civilisées. Notre constitution politique est jacobine : c'est la pensée de Jean-Jacques qui l'inspire ; l'absolutisme tyrannique d'une assemblée qui est censée représenter la Volonté générale, réputée infaillible, du Peuple supposé souverain et réputé bon, permet à toutes les folies sociales de tendre à devenir et de devenir des réalités. En même temps, la chute des disciplines intellectuelles et morales dont l'Eglise est gardienne livre l'homme aux passions inférieures, si puissamment motrices. Les trois courants, jacobin, étatiste et socialiste, dans l'ordre économique, dans l'ordre politique et dans l'ordre spirituel, se fondent pour ré- eiller en nous l'homme des cavernes et nous porter à un état dont l'animalité bolchevique qui règne en Soviétie peut donner quelque idée.

La réorganisation sociale est impossible sans la réorganisation politique, vaine sans la discipline morale et religieuse.

TABLE DES MATIÈRES

7273 — Impr. Jouve & Cⁱᵉ, 15, rue Racine, Paris. — 10-1926